Practicar fútbol en casa

Chest Dugger

Tabla de contenidos

Tabla de contenidos 2
SOBRE EL AUTOR 3
DESCARGO DE RESPONSABILIDAD 4
INTRODUCCIÓN 5
Equipo para mejorar el entrenamiento en casa 8
Fitness en casa 17
Ejercicios con arcos pequeños 39
Ejercicios con reboteadores 56
Cuando los amigos vienen a jugar 73
Divertidos juegos basados en el fútbol 89
Dribleo y ejercicios de control pegado al pie 99
La técnica del maestro... 110
Conclusión - Mantenerse mentalmente en forma 119

SOBRE EL AUTOR

Chest Dugger es un fanático del fútbol, ex profesional y entrenador, buscando compartir sus conocimientos. Disfruta de este libro y de varios otros que ha escrito.

DESCARGO DE RESPONSABILIDAD

Derechos de autor © 2020

Todos los derechos reservados

Ninguna parte de este libro electrónico puede ser transmitida o reproducida en ninguna forma, incluyendo la impresa, la electrónica, la fotocopia, el escaneo, la mecánica o la grabación, sin el permiso previo por escrito del autor.

Si bien el autor ha hecho todo lo posible por garantizar la exactitud del contenido escrito, se aconseja a todos los lectores que sigan la información aquí mencionada por su cuenta y riesgo. El autor no se hace responsable de ningún daño personal o comercial causado por la información. Se alienta a todos los lectores a que busquen asesoramiento profesional cuando lo necesiten.

INTRODUCCIÓN

En momentos como estos, cuando una pandemia mundial amenaza las vidas de todas las naciones, el fútbol entra en perspectiva. En realidad, hemos descubierto que no es más importante que la vida o la muerte, a pesar de las frecuentes afirmaciones en sentido contrario.

Pero la plaga pasará y la vida volverá a la normalidad muy pronto. Mientras esperamos ansiosamente ese momento, es importante mantenerse en forma. Una forma tan buena como cualquier otra es usar nuestros regímenes individuales de fitness para ayudar a mejorar nuestras habilidades en el fútbol al mismo tiempo.

Muchos libros de entrenamiento requieren un equipo complejo, recursos abundantes e instalaciones fantásticas. Al escribir "Practicar el fútbol en casa", buscamos ofrecer una guía para esos momentos en los que entrenamos solos, en nuestro patio trasero, con poco más que una pelota y nuestro entorno inmediato. Llevar a cabo este trabajo adicional es importante tanto si somos profesionales que buscan perfeccionar nuestra técnica al más alto nivel (¿por qué si no los mejores profesionales construirían gimnasios caseros en sus lujosas casas?) o, más relevante para este libro, aficionados entusiastas o jugadores jóvenes que buscan desarrollar nuestro propio juego.

Con trabajos que mantener, escuelas a las que asistir y cosas así, es poco probable que, en el mejor de los casos, tengamos más de dos sesiones de entrenamiento formal por semana, además de un partido el fin de semana. Siendo realistas, es probable que sea solo una sesión. Para maximizar nuestro potencial, debemos trabajar en nuestras habilidades y resistencia solamente. El lugar más práctico para muchos de nosotros es realizar este entrenamiento en casa. ¿Por qué subirse al coche para ir al gimnasio o al parque si tenemos un patio trasero que podemos usar en su lugar? La respuesta es, por supuesto, ¡qué hacer en el patio trasero y con qué hacerlo! Este libro proporciona algunas respuestas a esas preguntas.

Al buscar un pequeño resquicio de esperanza incluso en las nubes más oscuras, como la que circulaba por el mundo al momento de escribir, podemos ver que, para aquellos de nosotros enviados a casa, auto aislados o actuando según las instrucciones de nuestros gobiernos, nosotros al menos tenemos tiempo para salir con una pelota y perfeccionar esas habilidades que hasta ahora nos han eludido.

Para los consejos y ejercicios que siguen, hemos asumido un patio trasero de 30 metros por 30 metros. Tenemos acceso a un muro, o alguna otra forma de rebote. Destacaremos algunos productos comerciales útiles que pueden facilitar nuestra práctica. Nada demasiado caro, sin embargo. Más allá de eso haremos sugerencias de artículos cotidianos que podemos usar para ayudar a establecer los ejercicios y prácticas. Donde un ejercicio puede ser más fácil de seguir con el uso de una ilustración, hemos añadido un diagrama. En total, este libro contiene:

- Ejercicios para individuos, parejas y grupos pequeños para probar una sesión en su patio trasero,
- Numerosos consejos para sacar el máximo provecho de una sesión,
- Algunos juegos en solitario, en pareja y en pequeños grupos para hacer el entrenamiento divertido,
- Ejercicios que pueden realizarse en casa y en el patio para mejorar la condición física y la flexibilidad,
- Un poco de orientación sobre salud mental,
- Esquemas de las técnicas clave de referencia,
- Habilidades clave en las que funcionan los ejercicios,
- Más de treinta diagramas para ayudar a comprender los ejercicios más complejos.

La clave de los diagramas que ilustran algunos de los ejercicios es la siguiente:

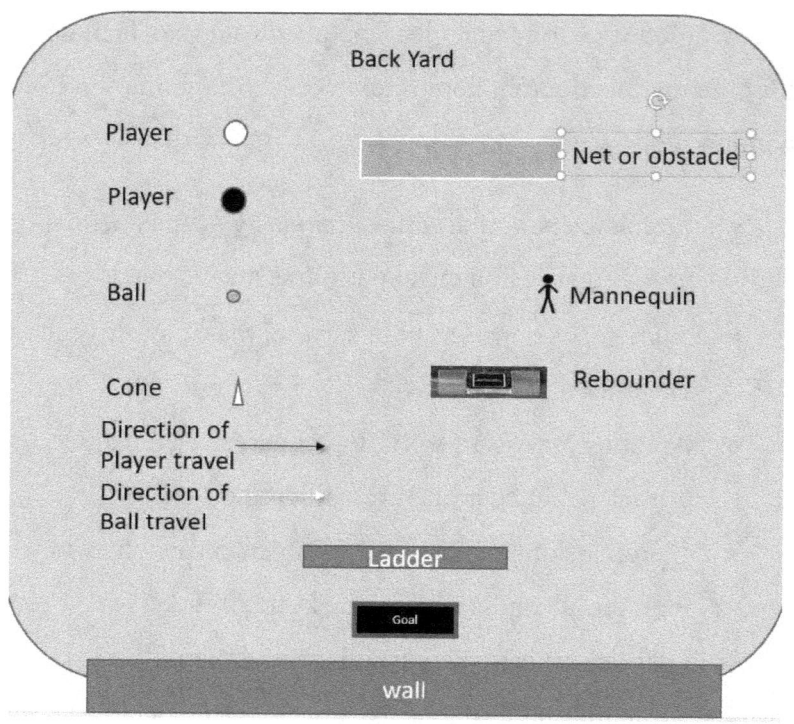

Equipo para mejorar el entrenamiento en casa

Como se explicó en la introducción, asumiremos que el entrenamiento desde casa significa que no tenemos un equipo de fútbol especializado a mano. Cada uno de los ejercicios y consejos que ofrecemos usará artículos de uso diario que podemos sustituir por equipos especializados.

A pesar de eso, cuando jugamos el partido el sustituto está en el banquillo porque no está a la altura de la alineación inicial, por la razón que sea. Son un perfecto sustituto cuando se necesita. Incluso pueden revitalizar un equipo cuando una parte de este está agotada y cansada, y necesitan ser sustituidos ellos mismos.

Pero si fueran lo suficientemente buenos para empezar, entonces no habrían estado calentando el banco. Lo mismo se aplica a nuestros artículos improvisados para los ejercicios. Nos permitirán ejercitarnos, practicar nuestras habilidades y desarrollar nuestra técnica. Pero tal vez no sean tan buenos como los equipos fabricados profesionalmente. Por lo tanto, en este capítulo inicial hemos identificado algunos accesorios que lo harán un poco más fácil y un poco más efectivo para entrenar en casa. Hemos limitado cada compra individual a € 100, menos si es posible. Para ayudar a los lectores de todo el mundo, hemos ofrecido un precio sobre el cual los consumidores no deben buscar pagar, y ofrecimos esto no solo dólares de EE. UU., sino también euros, dólares australianos y libras esterlinas.

Fitness y Ejercicio

Número uno - Equipo de ejercicio físico: Pesas para el hogar

Los juegos de pesas de viaje son ideales para su uso en el hogar, porque suelen estar llenos de agua y, por lo tanto, pueden almacenarse fácilmente cuando no se utilizan. Por supuesto, pueden empacarse con relativa facilidad para las vacaciones anuales, y un entrenamiento de veinte minutos podría permitirnos justificar ese cóctel extra o una pelota de helado adicional.

Mancuernas de viaje: Pague alrededor de 50 dólares

Las pesas para los tobillos ayudan a fortalecer los músculos de las piernas añadiendo resistencia a los ejercicios.

Pesas de tobillo: No pague más de 30 dólares

Número dos - Consejo: Pesas hechos en casa

Podemos, sin embargo, hacer un juego de pesas perfectamente utilizable con artículos de uso diario. Un recipiente de plástico de un galón lleno de agua es un buen objeto para añadir resistencia.

Podemos usarlo para desarrollar los músculos de las piernas añadiendo resistencia a las elevaciones, colocarlo en un saco para hacer el aerobismo más extenuante o simplemente levantarlo como podríamos hacer con un conjunto de pesas estándar. Para un trabajo más específico, encuentra un pequeño contenedor de 400g con tapa de plástico. Lo más probable es que no sea impermeable y que se haya usado para guardar productos secos originalmente. Sin embargo, podemos colocar una bolsa de plástico llena de agua, atada cuidadosamente y con firmeza, dentro, volver a colocar la tapa y usarla para enroscar o elevaciones similares.

Número tres: Equipo de entrenamiento: Conos

Un juego de conos es un punto de partida perfecto para muchos de los ejercicios que podemos practicar por nuestra cuenta. Son muy baratos y fáciles de almacenar. Los conos planos son perfectamente aceptables, aunque los conos de estilo de tráfico son ligeramente más flexibles, aunque mucho más caros.

Conos - cincuenta conos planos más el titular esperan pagar 15 dólares

Espere pagar una cantidad similar por un paquete de una docena de conos de estilo de tráfico. Doce deberían ser suficientes para la mayoría de los ejercicios en un patio trasero.

Número Cuatro - Consejo: Conos caseros

Podemos crear nuestros propios conos ahorrando envases de plástico. Cualquier cosa, desde los porta-mantequilla, hasta las cajas de salsa en polvo o las viejas cajas de Tupperware funcionarán bien. Simplemente pongan un poco de tierra dentro para dar un poco de peso y pongan la tapa encima.

Número cinco - Equipo de entrenamiento: Otras ayudas para el fútbol

El fútbol se trata de marcar goles y las variedades de goles de fútbol emergentes son sorprendentemente baratas. Pueden costar un poco más que un par de saltadores, o bastones de jardín clavados en el césped, pero es difícil replicar la emoción de la red abultada hacia atrás con un viejo par o toallas, o lo que sea. Aquí hay tres ejemplos, cada uno ligeramente diferente.

Un arco portátil de ocho pies por cinco pies: espere pagar en la región desde € 50. Claramente, cuanto más se paga, más sólido es el objetivo.

Para un objetivo pequeño y temporal que probablemente solo durará unos pocos meses, se espera pagar en torno a los 25 dólares.

Por último, para un popular objetivo pop-up, espera pagar (dependiendo de la calidad, que varía enormemente en este mercado) €30 - €120. Tenga en cuenta que el precio más bajo es para un par de pequeños arcos pequeños.

Es posible conseguir objetivos que incluyan áreas objetivo. Estos son muy útiles para la precisión de los tiros y los pases, especialmente en un espacio pequeño como un patio trasero. Versiones pequeñas de estos, que se doblan como arcos pequeños, pueden ser comprados para lo siguiente:

€20

Después de un objetivo, el siguiente equipo más útil para los ejercicios para trabajar en casa es un conjunto de maniquíes. Estos son relativamente caros, pero se almacenan fácilmente, y añadirán un elemento de presión de oposición que no se puede lograr si estamos practicando solos.

Espere pagar algo del orden de €30 por un ejemplar de cuatro pies de altura con púas de una calidad razonablemente buena, sin duda adecuada para uso doméstico. Nos gustó particularmente, sin embargo, un conjunto de tres maniquíes de espalda de resorte. No se parecen mucho a las personas, pero eso no importa. Sin embargo, el precio representaba un buen valor para algo que también da la oportunidad de trabajar en los rebotes.

€85

Otros equipos que serán útiles para tener en casa incluyen:

Escaleras de agilidad, útiles para el trabajo de velocidad, agilidad y aptitud general. €25

Reboteadora- muy útiles para los ejercicios de paso y el primer toque en particular. Desde €50.

Aros - genial para la práctica de tiro al blanco con pases y disparos. Por un paquete de cinco, espera pagar alrededor de 18 dólares.

Número Seis - Consejo: Hacer nuestro propio equipo de fútbol

Podemos intentar evitar el gasto de las compras con un poco de ingenio.

Objetivos - además de los obvios de un par de saltadores o un par de postes delgados clavados en el suelo podríamos:

- Hacer un arco en una pared o una valla del jardín, alejándose de las ventanas, por supuesto,
- Llena un par de macetas de plástico con tierra y pega los bastones de jardín más gruesos que podamos encontrar dentro para representar los postes. Los especialmente hábiles artísticamente pueden atar un largo de cuerda entre los postes, para estirar y usar como arco del travesaño cuando se traza la meta.

Áreas de objetivo - si tenemos aros y una meta, estos se pueden suspender de la barra transversal en pedazos de cuerda. O colgado de una línea de tela / árbol. Podemos marcar objetivos en una pared o cerca (siempre que sea lo suficientemente fuerte). Podemos suspender grandes recipientes de mantequilla o margarina en trozos de cuerda para representar los objetivos, de nuevo colgándolos de una línea a diferentes alturas, o de la barra transversal de una portería de jardín.

Los maniquíes son un poco más desafiantes. Sin embargo, al llenar una bolsa de deporte con ropa vieja o toallas se vuelve relativamente sólida. Si se coloca en su extremo, soportará una segunda bolsa encima, haciendo un maniquí de tamaño moderado para disparar o jugar.

Tres ideas para crear nuestra propia escalera de agilidad:

- Píntelo directamente sobre el césped, o píntelo con tiza en un patio o en una terraza,
- Use conos, o contenedores de mantequilla, ensarte una pequeña longitud de cuerda entre dos, estírelos y colóquelos en el piso. Necesitamos al menos 16 contenedores para hacer una escalera de uso razonable,
- Si tenemos un patio hecho de losas de pavimento en el patio trasero, use las grietas entre las losas como peldaños de la escalera, o póngalas con tiza.

Para el reboteador, puedes usar una pared.

Los aros son difíciles de recrear, pero podemos usar grandes cajas de almacenamiento para ser objetivos. Estos pueden ser girados de lado para hacer un objetivo "meta".

Así que, con el equipo en su lugar que necesitamos para ofrecer una buena variedad de ejercicios y prácticas en casa, podemos pasar a encontrar algunas formas ingeniosas de utilizar nuestros patios traseros como el nuevo hogar para reemplazar, o complementar, nuestras sesiones de entrenamiento estándar.

Fitness en casa

Empezaremos con la fuerza y la forma física, ya que ambas se desvanecerán rápidamente si pasamos un largo período sin prestarles buena atención. En estos tiempos de autoaislamiento, los diferentes países, estados y regiones están poniendo sus propias restricciones sobre dónde pueden ir las personas, con quién (si alguien fuera de la familia inmediata) pueden mezclarse y durante cuánto tiempo se aplicarán esas restricciones a la vida normal.

Sin embargo, aunque estos ejercicios físicos y ejercicios son particularmente importantes en momentos en que el entrenamiento normal es imposible, por cualquier razón, también son ejercicios muy útiles para emplear junto con una sesión normal de entrenamiento de fútbol semanal, o dos veces por semana.

Empecemos con el calentamiento.

Los principales grupos musculares que usan los jugadores de fútbol están en las piernas. Aunque no podemos jugar el juego de forma competitiva por un tiempo, es importante que mantengamos estos músculos en la mejor forma posible. Si planeamos una sesión de entrenamiento intensivo en casa, también es importante asegurarnos de que los hemos calentado adecuadamente.

Ya es bastante malo salir lastimado en cualquier momento, pero durante un período en el que el ejercicio es doble, triplemente importante, es aún más esencial que cuidemos nuestros cuerpos. Calentar y estirar es una parte vital de esto.

Número siete - Ejercicio físico: Haga que sus cuádriceps tiemblen

Párese aproximadamente a un metro de una pared sólida. Inclínese hacia adelante y extienda nuestro brazo izquierdo hasta que toque la pared y sea capaz de soportar nuestro peso corporal. Levante la pierna derecha y doble la rodilla. Sostenga el pie derecho con la mano derecha, en algún lugar alrededor de la parte inferior de la espinilla o la región del tobillo, y levántelo lentamente y sin problemas.

Después de unos pocos centímetros sentiremos que los músculos del cuádriceps se tensan. En este punto, mantenga la postura durante diez segundos y relájese lentamente. No "reboten" la pierna estirada, y no la lleven tan lejos como para causar dolor.

Repita cinco veces, y luego trabaje en la otra pierna.

Número ocho - Ejercicio físico: Pantorrillas cómodas

El músculo de la pantorrilla es particularmente vulnerable para los jugadores de fútbol, debido a todas las torsiones y giros que se producen a la velocidad. Por lo tanto, es importante dar algo de tiempo a este práctico músculo. El siguiente ejercicio es simple, pero efectivo.

Una vez más, apóyese contra la pared. Cualquiera de los brazos está bien para este ejercicio. Coloque un pie alrededor de dos pies frente al otro. Dobla la rodilla de la pierna delantera, mientras estira la pierna. Podremos sentir que el músculo de la pantorrilla de la pierna trasera comienza a estirarse. Como antes, no lo lleves al punto de dolor, sino que lo mantengas por unos diez segundos, relájate y repite cuatro o cinco veces.

Luego intercambien las piernas para repetir en la otra pantorrilla.

Número Nueve - Ejercicio físico: Caderas trabajadas

Este es un ejercicio de cadera muy suave, pero realizado diariamente ayudará a asegurar la flexibilidad sin ejercer ninguna tensión significativa en la articulación.

Comience arrodillándose en el suelo. Tome una pierna y estírela hacia adelante hasta que la planta del pie esté completamente en el piso, como si estuviera sobre una rodilla y a punto de proponer matrimonio. (Por lo tanto, hacer de esto un ejercicio especialmente útil para los enamorados). Empuje suavemente la pierna extendida, descanse durante un par de segundos y regrese a la posición inicial.

Repita este ejercicio cinco veces, y luego cambie al otro lado.

Número diez - Ejercicio de acondicionamiento físico: Tendones fuertes

Cuando un jugador de fútbol "hace un *hammy*", chico, lo saben. El repentino y ardiente dolor que se dispara hacia arriba y hacia abajo desde el punto de la lágrima. La abrumadora necesidad de enderezar el músculo y agarrarlo como si se tratara de las manos de un niño pequeño que cruza un estrecho puente de cuerda que se balancea. Cualquiera que se haya tirado de un tendón comprenderá la necesidad de un lenguaje dramático para describir el dolor. Cualquiera que no lo haya hecho, confía en alguien que lo haya hecho... esto es algo que no deseas experimentar.

Afortunadamente, estirar una cuerda durante el calentamiento es uno de los ejercicios más fáciles de hacer. Siéntese en el suelo con las piernas estiradas delante. Nos acercamos y nos agarramos los pies con las manos. En esta posición, simplemente nos balanceamos hacia adelante y hacia atrás, suavemente, durante treinta segundos. Descansamos treinta segundos y luego repetimos. Si ve que su rodilla se dobla mientras intentas alcanzar sus pies, puede mantener las rodillas rectas y alcanzar un punto más alejado de sus pies.

Una pequeña advertencia sobre el tendón de la corva. Si hemos sufrido un tirón, habiendo puesto demasiada tensión en el músculo después de un largo período de relativa inactividad, el ejercicio solo lo empeorará (algo cierto en todas las lesiones musculares, pero especialmente en el tendón de la corva). Desafortunadamente, a menos que tengamos acceso a un fisioterapeuta entrenado, la única acción que podemos tomar es el descanso.

Número Once: Ejercicio físico: *La mariposa estira la ingle*

Para este importante, aunque algo desgarbado, deberá sentarse en el suelo, estiramos nuestras rodillas hacia afuera y juntamos las palmas de nuestros pies. A continuación, agarramos nuestros pies, y suavemente ejercemos presión para tirar de ellos hacia nosotros. Como en otros ejercicios, nos detenemos antes de sentir dolor, pero cuando sentimos que nuestros músculos se estiran, mantenemos la presión durante diez segundos, nos relajamos suavemente y repetimos cuatro o cinco veces.

Número Doce - Ejercicio físico: Evitar un dolor de Aquiles

La ruptura del Aquiles es una de las pocas lesiones no esqueléticas en las que el dolor es mayor que el de un tendón de la corva desgarrado. El tendón de Aquiles (no es un músculo, sino una tira de tejido fibroso que une un músculo a un hueso) une el músculo de la pantorrilla con el talón. Es bastante fuerte, y la mayoría de los jugadores pasarán toda su carrera felizmente sin darse cuenta de la agonía de una ruptura. Sin embargo, es más vulnerable después de un período de inactividad. Los jugadores que regresan de otras lesiones a menudo se encuentran marginados después de un par de partidos con tensiones (o peor) en este importante tendón.

Por lo tanto, es importante trabajar en mantener esta parte del cuerpo flexible si estamos entrenando en casa. Afortunadamente, como con otros estiramientos en esta sección, es fácil de hacer. Inclínese hacia adelante para tocar una pared como apoyo. Ponga una pierna ligeramente delante de la otra. (De talón a punta está bien con este ejercicio.) Doble la rodilla de la pierna delantera. Mantenga la planta del pie trasero firmemente en el suelo. Inclínese hacia adelante lentamente, no rebote. Cuando el tendón de Aquiles se estire, manténgalo durante diez segundos y relájese. Repita cuatro o cinco veces y luego intercambie las piernas.

Número trece - Ejercicio físico: Ejercicio de la parte inferior del cuerpo

Este ejercicio es bueno para terminar esta sección del calentamiento, ya que trabaja en múltiples conjuntos de músculos. Para ello, simplemente haz una embestida, asegurándote de que las piernas se mantengan en su lugar, luego gira a un lado y luego al otro. Repita cinco veces y luego intercambie las piernas. Este ejercicio ayuda a estirar los isquiotibiales, glúteos, ingle y cuádriceps, caderas y músculos de la espalda baja. No debe usarse en lugar de los ejercicios individuales anteriores, pero es una buena manera de mejorarlos como ejercicio final en el calentamiento de la parte inferior del cuerpo.

Número catorce - Ejercicio físico: En el reboteador (1)

Una vez que nos hemos estirado, podemos avanzar para que la sangre fluya y el corazón bombee. Cuando el espacio es limitado, no hay mejor manera que hacer uso de un reboteador (o, en su defecto, de una pared) Intenta cincuenta primeros pases con cada pie.

Número 15 - Ejercicio físico: En el reboteador (2)

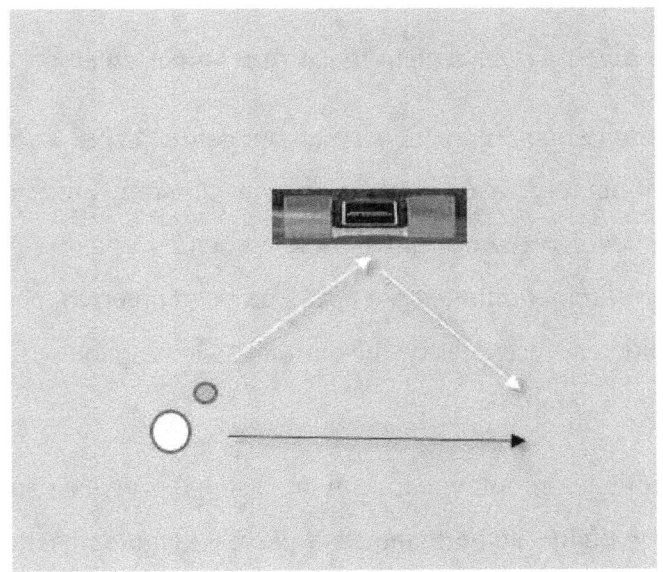

Podemos desarrollar esto pasando desde el nivel del borde del reboteador hacia su centro (ver el diagrama de arriba para mayor claridad), y luego correr hacia el otro extremo del reboteador para recibir el pase. Repita en la dirección opuesta. Complete veinte circuitos.

Ejercicios para aumentar la resistencia que podemos hacer en casa

Aunque no podamos ir al gimnasio, podemos hacer ejercicios en casa, lo que nos dará excelentes resultados cardiovasculares. Como siempre, recomendamos que las personas que regresan de una lesión, que han estado sin hacer ejercicio durante un tiempo o que tienen afecciones respiratorias, cardíacas o de otro tipo existentes, consulte a un profesional antes de comenzar una campaña de ejercicio.

Número dieciséis - Ejercicio físico: Aeróbicos en step

Siempre que no vivamos en un bungalow, habrá un escalón en la casa en algún lugar. Los aeróbicos en step son muy efectivos, fáciles de hacer y pueden realizarse mientras se escucha música o se ve la televisión. Treinta minutos por día es un buen objetivo, pero eso puede ser dividido en tres series de diez minutos sin ninguna pérdida por la mejora de la condición física.

Comience simplemente, con un paso hacia arriba usando un pie, el otro pie uniendo a su hermano en el paso, y luego de vuelta hacia abajo un paso a la vez. Más adelante se pueden agregar movimientos más complicados: hay muchos videos en línea que pueden guiarlo en esto.

Los ejercicios aeróbicos por pasos son un ejercicio excelente para los jugadores de fútbol porque, además del ejercicio aeróbico, se trabajan varios conjuntos de músculos. La mayoría son las piernas y los músculos de la espalda baja, que son cruciales para un jugador de fútbol.

Número diecisiete - Ejercicio físico: Circuito casero al aire libre

El entrenamiento en circuito es una técnica fitness bien establecida, que permite al usuario centrarse en diferentes grupos musculares mientras se desarrolla la aptitud cardiovascular. Proporcionará los siguientes beneficios:

- Fortalecimiento del cuerpo,
- Acondicionamiento corporal,
- Se puede adaptar para apoyar ejercicios particularmente útiles para jugadores de fútbol,
- Ayuda con la pérdida de peso,
- Ayuda con la resistencia.

Sin embargo, los circuitos, por sí mismos, no son el ejercicio físico perfecto. Debido a que son particularmente útiles para quemar grasa, son menos útiles para aquellos cuyo índice de grasa corporal es naturalmente bajo. Además, debido a que se realizan varias actividades, el trabajo real que se realiza en un grupo muscular en particular es bajo. Los circuitos funcionan mejor como complemento de otros ejercicios.

Aquí hay un circuito de ocho series, que puede ser usado por dentro y por fuera, y que dará un enfoque particular a los músculos de la parte inferior del cuerpo además del desarrollo de la resistencia.

Diez sentadillas: Trabajar los glúteos o los músculos de los glúteos. La posición del cuerpo es vital para obtener el máximo beneficio de una sentadilla.

- Póngase de pie con los pies separados al ancho de los hombros,
- Apunte los dedos de los pies ligeramente hacia afuera,
- Baje el cuerpo con cuidado y bajo control para que nos "sentemos" entre el espacio dejado por nuestras piernas,
- Asegúrese de mirar hacia adelante a lo largo de la sentadilla para mantener la espalda recta,
- Asegúrese de que nuestras rodillas no se extiendan más allá de nuestros dedos. Esto ayudará a reducir la tensión en la articulación de la rodilla.
- Mantenga la posición contando hasta cinco,
- Póngase de pie lentamente.

Dos minutos de salto: Trabajando los músculos de la pantorrilla.

- Mantenga los dos pies juntos,
- Salte sobre la cuerda,
- Doble las rodillas para levantar los pies,
- Mantenga los pies juntos y aterrice,
- Salte con las puntas de los pies.

Levantamiento de piernas: Este ejercicio trabaja los músculos abdominales.

- Acuéstese en el suelo con los brazos a los lados,
- Levante lentamente los pies para que alcancen un ángulo de 45 grados,
- Mantenga las piernas juntas y rectas,
- Cuente hasta tres,
- Baje lentamente.

Aeróbicos de dos minutos de duración: Ver el ejercicio anterior.

Diez estiramientos de espalda: Este ejercicio es bueno para los músculos de la espalda baja.

- Acuéstese en el suelo, con el estómago hacia abajo,
- Extiende nuestros brazos hacia adelante, para que rocen el lado de nuestra cabeza,
- Mira hacia adelante,
- Lentamente levante el torso del suelo, cuente hasta tres y baje.

Dos minutos de aerobismo de rodilla: Este entretenido (para ver, si no hacer) ejercicio trabaja todos los músculos de las piernas y también proporciona un buen entrenamiento cardiovascular.

Es un ejercicio que realmente hace lo que dice en la caja. Simplemente trota levantando las rodillas lo más alto posible. Asegúrate de que ambas piernas trabajen con la misma intensidad. Un error fácil es perder la concentración, y trabajar solo la pierna más fuerte.

Veinte saltos de caja de zapatos: Este ejercicio trabaja los músculos de la pantorrilla y la cadera. También es bueno para el equilibrio.

- Coloque una caja de zapatos en el piso y párese al lado,
- Complete dos saltos con los pies de lado a lado de la caja.
- Mantenga los brazos extendidos para mantener el equilibrio.

Relevo de dos minutos en el Sprint: Excelente para replicar los *esprints* de alta intensidad de un partido de fútbol. Simplemente trote en el lugar durante veinte segundos, y luego haga un sprint de alta intensidad en el lugar durante diez segundos.

Sugerimos tres rotaciones del circuito, aunque, por supuesto, es mejor adaptar el régimen a nuestros niveles y objetivos de estado físico personal.

Número dieciocho - Ejercicio de ejercicio: No olvide que somos un circuito de jugadores de fútbol.

Los ejercicios de alta intensidad tienen su lugar cuando no podemos tener una pelota a nuestros pies. Sin embargo, el fútbol es el juego que nos gusta, y cuando es posible queremos incluir una pelota en nuestros ejercicios. Por respeto a la cristalería de nuestra abuela, no podemos hacerlo en el interior. Pero sí podemos en el patio trasero. Aquí hay un circuito sugerido de ocho ejercicios usando una pelota.

Ayudará a mantener la forma física mientras es un poco más entretenido para aquellos que encuentran el ejercicio individual poco motivador.

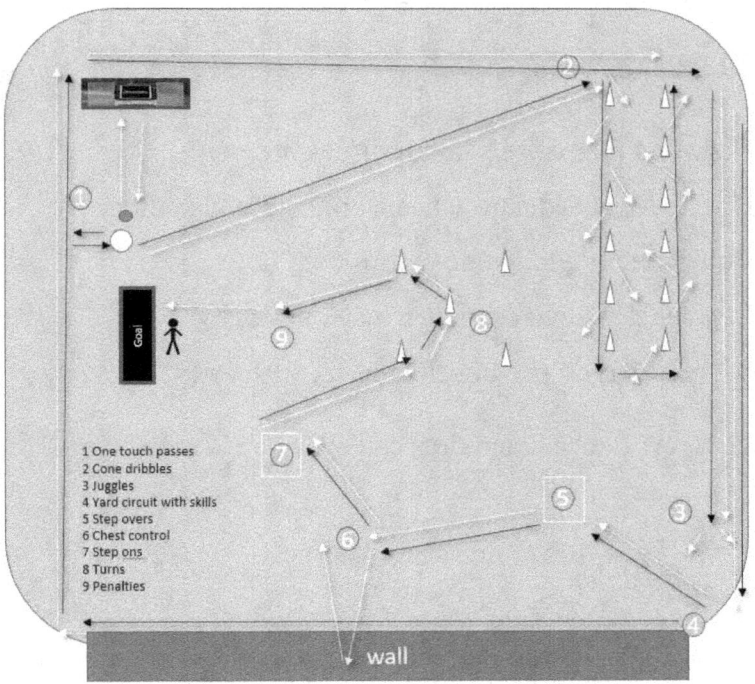

Veintidós Toques:

- Use una pared o reboteador. Manténgase a unos 10 metros de distancia.
- Golpee la pelota contra la pared con un pie,
- Mientras la pelota viaja, complete cuatro "mini trotes" en el lugar,
- Controle la pelota con el mismo pie con el que se hizo el pase,

- En el control, posicione la pelota para golpearla contra la pared con el pie más débil.
- En el toque final, gira y regatea para...

Cuatro circuitos de cono:

- Haga dos filas de seis conos dispuestos,
- Regatee hacia adentro y hacia afuera usando ambos pies,
- Complete un giro, como el giro Cruyff,
- Regatee de nuevo en el otro juego de conos,
- Al terminar, golpee la pelota hacia arriba y...

Diez malabares: Lance cinco tiros cada vez que la pelota golpea el suelo.

Desplácese por el patio:

- Corra con la pelota alrededor de la circunferencia de nuestro patio.
- En cada lado, complete una habilidad, como un paso por encima o una finta.

Treinta super pasos:

- Detenga la pelota en seco. Utilizando los brazos para el equilibrio, y mirando hacia adelante, no hacia abajo...

- Complete quince pasos rápidos con cada pie, alternando entre los pies.

10 control de Pecho: Trabajamos tan rápido como podemos en este ejercicio.

- Tire a la pared o utilice el rebotador,
- Pase firmemente contra la pared,
- En el rebote, lanza la pelota hacia arriba y atrápala,
- Haga un lanzamiento,
- Controle el rebote en su pecho, para que la pelota caiga a sus pies,
- Haga el pase y repita.

Treinta pases:

- Los pies alternos tocan rápidamente la parte superior de la pelota con la parte inferior de los dedos de los pies.

Diez ahorros de tiempo de arquero:

- Use el rebotador o la pared para establecer las paradas,
- Lance la pelota, así que tenemos que desplazarnos para hacer las paradas,
- Desplácese en los lados alternos,
- Póngase de pie tan rápido como pueda.

Diez súper vueltas:

- Driblee al pequeño extremo cuadrado de la zona de dribleo,
- Tire desde una esquina al cono central,
- Gire en el cono central, cambie de dirección y rebote a un cono de esquina diferente,
- Repita

Diez penalizaciones:

- Toma los penaltis, apuntando a un punto diferente cada vez,
- Corre para recoger la pelota después del penalti.

Complete dos o tres circuitos para un entrenamiento realmente útil.

Número diecinueve - Ejercicios: Garaje "Fives"

Algunos llenamos nuestro garaje con cada pedazo de basura que no entra en el interior. Si esos somos nosotros, entonces este juego no funcionará. (Una versión puede ser adaptada para una pared, y aun así proporciona algunos beneficios en términos de agilidad, pero no tan buenos como los de la realidad.) Sin embargo, algunas personas mantienen su garaje para su coche, y eso es una buena idea. Porque significa que, si retrocedemos y aparcamos un poco en el camino, tenemos un espacio muy práctico en el que podemos jugar una versión del excelente juego que es de cinco.

Al igual que el Tenis Real, las Raquetas y similares, el *Fives* es un deporte inventado por los británicos y destinado a una inmerecida oscuridad. De hecho, comenzó en las grandes escuelas públicas (con lo que, en el sentido británico, nos referimos a las privadas, de pago). Así que, están los Cincos de Eton, los Cincos de Winchester y los Cincos de Rugby.

El Eton es la forma más excitante. Los niños privilegiados enviados por sus padres para soportar dormitorios helados, palizas severas, comida no comestible y las atenciones inciertas de sus maestros (los llaman 'Picos' en Eton) en un intento de prepararlos para una vida de maltrato a los pobres y a cualquiera la piel tenía un tono ligeramente diferente que solía aburrirse mucho. El problema era que no había paredes en Eton lo suficientemente planas para jugar con una pelota. Excepto una sección en el exterior de la Capilla de Eton. Este muro estaba obstaculizado por una zona elevada en la parte delantera, y un escalón que lo unía a un espacio más amplio, antes de que otro escalón llevara a los fieles de vuelta a la zona principal del "Quad" (una especie de patio enorme). También, una cornisa corría a lo largo del frente del muro, y en un contrafuerte que se proyectaba algo molesto a corta distancia del muro principal, a lo largo de una estructura de soporte.

Pero, los chicos fueron ingeniosos, y nació Fives. El juego conserva términos gloriosamente arcaicos, como *blackguard* (un falso saque), depósito (un área cerca del contrafuerte de la que, si la pelota cae, no puede salir) y step (un ritual por el que el servidor se ve impedido al llegar al punto de juego). Pero no tenemos que preocuparnos por esto. Tampoco necesitamos preocuparnos por las capillas, contrafuertes y repisas a mitad de camino de las paredes. Porque poco después de que Eton descubriera su versión de los Cincos, los chicos de la Escuela de Rugby inventaron los Cincos de Rugby. Su motivación fue quizás un poco diferente. Desde que el pequeño Webb Ellis se asustó durante un partido de fútbol (o fútbol, como se conoce en las escuelas públicas), tomó la pelota y se escapó con ella, tenían un nuevo juego, el Rugby. Desafortunadamente, la tasa de lesiones graves causadas por este juego en particular estaba empezando a amenazar no solo la enfermería de la Matrona, sino también las vidas de los jóvenes jugadores. Como el segundo deporte más popular en el pasado en el Rugby parecía ser (a juzgar por las novelas contemporáneas) asar a los niños pequeños en los incendios, no es sorprendente que los niños más pequeños comenzaran a buscar un deporte más seguro y elegante. Y nació el rugby de cinco años.

Afortunadamente para nosotros, los adictos al fútbol que nos aislamos y nos gusta estar en forma, la forma de una cancha de rugby de cinco cincos es notablemente similar a la de la mayoría de los garajes de Estados Unidos, Australia y Europa. Realmente no importa si hay un estante extraño o una caja pesada fijada a las paredes, porque estos pueden ser usados para añadirle emoción. Nuestra única advertencia es la seguridad; tanto para los objetos de los estantes (volvemos a la cristalería de la abuela, o a las tijeras de jardín que pueden caer y causar una dolorosa lesión) como para los jugadores. Siempre que no haya riesgo, se puede tener un gran juego.

Fives se juega con guantes especiales acolchados. Se usan ambas manos y el objeto es un corcho, una pelota del tamaño de una pelota de golf.

Fives puede ser jugados como una actividad solitaria ayudando a mantener el cuerpo flexible y ágil a través de los giros involucrados, o donde sea permitido, como un juego de parejas. Debido a que utiliza las manos, es relativamente fácil de jugar (pero muy difícil de dominar) y por lo tanto es genial para un padre jugar con su hija, o un hijo competir contra su madre.

Si jugamos de forma competitiva, podríamos querer dibujar una línea a lo ancho del garaje para crear un escalón. Una línea a unos tres metros de la pared del extremo está bien, aunque cuanto más grande sea el escalón, más rápido será el juego. También usamos una línea (por ejemplo, una dibujada con tiza, o una línea en los ladrillos, en la pared del extremo sobre la cual la pelota debe golpear.)

Para una pelota, ya que no tenemos ni guantes acolchados ni eje al único productor que creemos que existe en algún lugar en los oscuros recovecos de un Diagon Allay liderado por *muggles*, sugerimos o una vieja pelota de tenis, o una pelota de squash de alto rebote.

Podemos adaptar las reglas a nuestras circunstancias. Jugando en solitario, podemos apuntar tantos golpes como podamos, de volea o de rebote. Deberíamos buscar alternar la mano y usar técnicas similares al squash y al tenis. Nos acercamos a la pelota y jugamos de lado. En el diagrama, mostramos una breve jugada, los tiros del jugador negro marcados con líneas grises para mayor claridad.

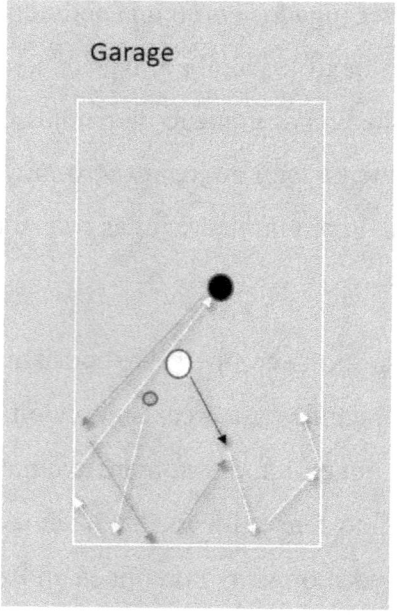

Aquí hay algunas reglas sugeridas para un juego de parejas:

- Primero a diez puntos,

- Los puntos se ganan cuando la pelota rebota más allá del escalón (punto perdido por el jugador), sale del garaje sin rebotar (punto perdido), no golpea la pared frontal (punto perdido) o rebota más de una vez (punto ganado) o no puede ser devuelta (punto ganado).
- Si el jugador gana el punto, se hace una puntuación, por ejemplo, 1-0; si el no jugador gana el punto, no se añade la puntuación, pero el turno cambia.
- El saque se hace de manera que la pelota golpee la pared frontal, pared lateral y luego rebote en el "escalón".
- El saque se devuelve con la pelota golpeando la pared lateral, frontal y rebotando en el escalón.
- No tiene sentido ganar o perder si el saque o la devolución no son legales. El saque simplemente se vuelve a realizar.
- Si al receptor no le gusta el saque, puede pedir que se repita.
- Una vez que el saque y la devolución son legales, el juego está en marcha, y el punto continúa hasta que se gana o se pierde.

Este es un pequeño juego genial, que realmente ayuda a la forma física y la agilidad. Puede ser adaptado para un espacio abierto usando una pared. Si está en el garaje, por favor tenga cuidado:

- Retire cualquier objeto que pueda caer si se golpea, o si el jugador se estrella contra él,

- No juegue si algún obstáculo puede representar un peligro, por ejemplo, lesionar un ojo al correr hacia un estante,
- La pelota viaja rápido, así que quite cualquier cosa que se pueda romper.

Pero para aquellos cuyo garaje está despejado, excepto por un estante alto, vacío y seguro o una caja que esté segura en una esquina, es un ejercicio de entrenamiento perfecto y competitivo.

Sin embargo, podemos encontrar otras formas de ayudar a construir la resistencia que incorporan las actividades cotidianas. Puede que no sean tan divertidas como ir al gimnasio, pero como ofrecen la ventaja de quitar algunas tareas mundanas de en medio, hay una gran compensación por esa pérdida en particular.

Número veinte - Ejercicio físico: Hacer ejercicio es una tarea (literalmente)

Aquí hay algunas ideas:

- Hacer las tareas domésticas con música, trabajando más rápido de lo habitual.
- Cavar esa multitud de flores,
- Cortar el césped trotando.
- Barrer el patio con música.

Ejercicios con arcos pequeños

Nuestro objetivo con estos ejercicios de patio trasero es mantener el número de jugadores al mínimo. Vea los consejos a continuación con sugerencias para lograr esto, sin embargo, presentaremos los ejercicios con un máximo de cuatro jugadores en acción. Cada uno puede reducirse a un mínimo de uno o dos jugadores con una sustitución inteligente.

Número veintiuno - Consejo: Pase o dispare

Un maniquí, o su equivalente, colocado frente a una pequeña meta emergente, o una meta casera, ayudará a hacer más difícil un ejercicio. Podemos cambiar la posición de este "falso guardameta" para animarnos a disparar hacia diferentes partes de la meta.

Número veintidós - Consejo: Un amigo saltarín

Podemos utilizar un reboteador o un muro para representar un pase a y de un compañero de equipo. Un poco como un uno-dos antes de disparar a la portería al primer toque.

Número veintitrés - Consejo: Construir una defensa

Los maniquíes pueden utilizarse para representar a los defensores. Por supuesto, su problema fundamental es que, como algunos defensores centrales, son reacios a moverse. Sin embargo, podemos emplear un segundo maniquí para representar el espacio al que un defensor, si fueran reales, se trasladaría. Así que, regatea más allá de dos maniquíes antes de disparar a la portería.

Número veinticuatro - Consejo: Toma de decisiones

Con esos consejos clave fuera del camino, vamos a hacer unos ejercicios de fútbol de verdad. Nuestro objetivo en el primero es tomar buenas decisiones sobre si regatear o pasar para crear la mejor oportunidad de tiro.

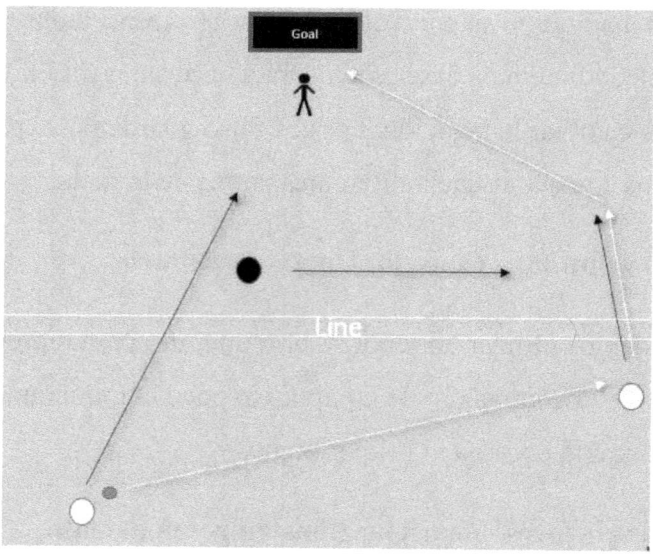

Para este ejercicio necesitamos un gol emergente, dos atacantes - uno que dé el primer pase y un compañero que lo reciba (como se sugirió anteriormente, el uso de una pared o un rebote puede reemplazar a este atacante si es necesario); un arquero (o maniquí), un defensor que se mueva (o dos maniquíes)

En términos de importancia, después de nosotros como el jugador principal viene el defensor, luego el compañero de equipo atacante, y por último (como siempre, discutirán, pero eso es para su equipo los arqueros) el guardameta.

Nuestro campo es tan grande como podemos hacerlo, con un mínimo de 20 metros por 15 metros. El campo está dividido en dos con una línea central que atraviesa el ancho del área de juego. Los dos jugadores atacantes comienzan en el área más alejada de la meta, con el defensor en el área defensiva.

Se hace un pase libre, y a partir de ese momento el defensor puede jugar en cualquier parte de la mitad defensiva del campo. (Nota, si se utiliza un rebote para representar al segundo atacante, debe ser colocado en la línea media, para que pueda ser de mayor utilidad a medida que se desarrolle el ejercicio). Los atacantes pueden jugar en cualquier parte del campo. Cuando están en posesión, el jugador elige si regatear para crear espacio para un tiro o hacer el pase.

Las habilidades clave en juego aquí son:

- La toma de decisiones,
- Precisión de paso,

- El primer toque,
- La capacidad de emplear las habilidades de pase,
    - Cambio de dirección,
- Disparo de la pelota.

Los criterios clave para la toma de decisiones son:

- Calidad del primer toque,
- Posición de defensa,
- Dificultad de la posición de tiro,
- Posición de compañero de equipo.

Hay otro factor aquí, posiblemente. Algunos lectores pueden haber seguido los podcasts hechos durante la pandemia por el programa de fútbol de la BBC, de larga duración, pero temporalmente redundante, Partido del Día. En un podcast, tres de los mejores delanteros de Inglaterra - Alan Shearer, Ian Wright y Gary Lineker - discutieron la mentalidad necesaria para ser un gran goleador.

Un grado de egoísmo era algo en lo que todos estaban de acuerdo. No la visión de túnel ciego, sino la sensación de que, como delantero, siempre van a marcar y por lo tanto un compañero debe estar en una posición inequívocamente mejor para que puedan hacer un pase en lugar de tomar la pelota sobre sí mismos. Es un punto a tener en cuenta.

Número veinticinco - Ejercicio: Tiro de Agilidad

El objetivo aquí es mejorar la calidad del disparo después de los cambios de dirección.

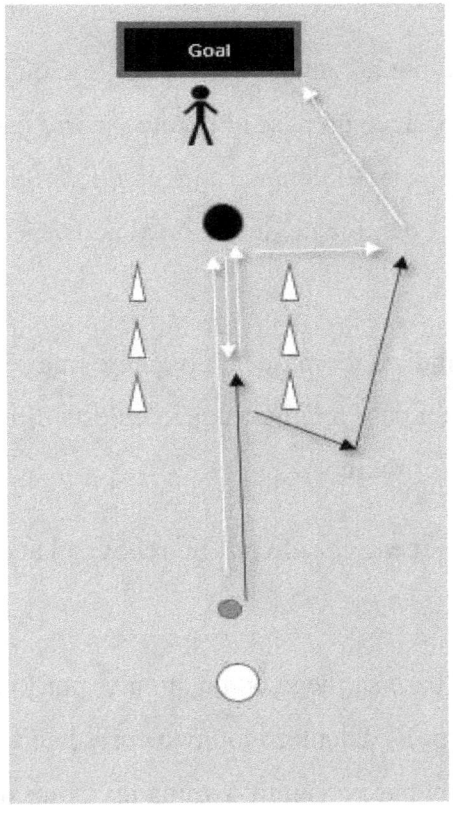

Este ejercicio funciona mejor con un delantero (blanco), un jugador de pivote (negro) y un guardameta (maniquí), pero se puede jugar solo con el delantero y un rebote que sustituye al pivote. Sin embargo, el ejercicio se vuelve ligeramente diferente en su penúltima etapa si no hay un jugador de pivote humano.

Requerimos conos, pelota y una porta gol. Se necesita un área de juego mínima de 20 metros por 10 metros. El campo está marcado con un canal hecho de conos.

Usando un pivote humano, el ejercicio funciona de la siguiente manera: el delantero hace un pase al pivote y corre hacia el canal. El pivote devuelve un pase. El delantero juega un segundo pase en el pivote, pero esta vez cambia de dirección al pedalear de nuevo hacia el principio del canal.

El delantero indica ahora qué lado quiere que se juegue el pase final y corre hacia un pase angular jugado en esta dirección por el pivote. Disparan la primera vez.

Si el pivote es reemplazado por un rebote, el atacante tiene una de dos opciones.

1) El segundo pase se juega en un ángulo, por lo que se devuelve en un ángulo. El delantero todavía corre hacia atrás, y luego corre hacia el pase en ángulo, toma un toque si es necesario, y dispara.
2) El segundo pase se juega en línea recta. El delantero corre hacia atrás, recibe el pase de vuelta del rebote y regatea hacia un lado u otro antes de disparar. Para trabajar con el pie más débil, el delantero debe alternar la dirección de los regateos.

Las habilidades clave que se están desarrollando son:

- Pasar con precisión a los pies,
- El primer toque,
- Cambiar de dirección,
- Disparar la primera vez.

Número veintiséis - Consejo: Disparar a través de la meta

El ejercicio de arriba requiere disparar bajo y a través de la meta. Con un pequeño gol emergente, se pueden añadir zonas adicionales a cada lado de la meta. El delantero apunta a marcar en la versión lejana, dependiendo del lado desde el que esté disparando, de estas zonas adicionales.

Número veintisiete - Ejercicio: Regatear y disparar

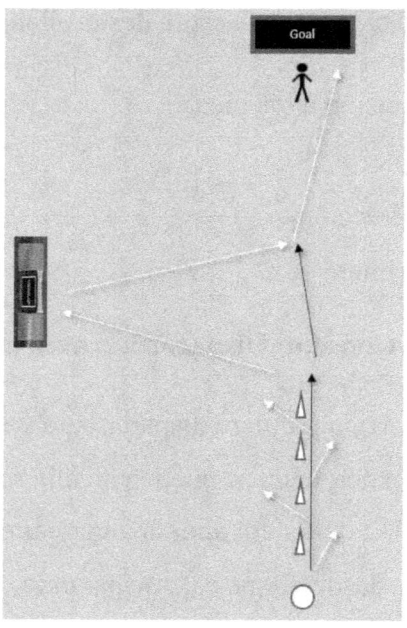

Este es otro ejercicio de tiro de agilidad que puede ser jugado en un patio trasero. Se requiere un área de 25 metros por 10 metros, con un objetivo emergente en un extremo. Este ejercicio puede ser practicado solo o con compañeros de equipo. Nuestro objetivo es combinar tres habilidades esenciales para un jugador de ataque, regatear, pasar y disparar, para crear una oportunidad de gol.

Se establece una línea de conos, a tres metros de distancia. Un reboteador (o compañero de equipo) se posiciona a un lado.

Simplemente esquive a través de los conos, juegue con uno o dos compañeros o rebote y dispare la primera vez. Mantenga los tiros abajo y juegues a través del arquero hasta la esquina más alejada.

Las habilidades clave en las que estamos trabajando aquí son:

- Habilidades de regateo a velocidad,
- Pase exacto,
- Correr para devolver los pases,
- Ajustar el cuerpo para disparar la primera vez.

Número veintiocho - Consejo: Variar el pase de regreso de un reboteador

Para que el uso de un rebote sea más realista en una situación de partido, intente astillar un pase en él, o golpear un pase bajo con fuerza para que rebote en el marco de la base metálica de la herramienta (donde el diseño incorpora uno). Estas opciones llevarán a un pase de retorno que rebota o se tambalea y puede utilizarse para mejorar el primer toque de una pelota que rebota o el tiro en la volea o media volea.

Número veintinueve - Consejo: Disparar directamente contra el arquero

Cuando estamos disparando desde lejos, normalmente apuntamos al delantero con los cordones, a través de la pelota con la cabeza sobre él. Esto imparte potencia mientras se mantiene baja la pelota. Deberíamos apuntar al poste lejano, de modo que cualquier toque que el arquero haga con la pelota puede dirigirlo hacia un compañero de equipo. Un arquero también buscará cubrir su poste cercano más completamente que el poste lejano.

Cuando el pase de vuelta llega directamente al centro de la meta, podemos obtener buenos resultados cambiando nuestro estilo de disparo. Buscamos dar un toque, por lo que el arquero no está seguro de si estamos planeando disparar o regatear. Disparamos fuerte y bajo más cerca del cuerpo del arquero, porque hay un ángulo muy cerrado para encontrar un córner. Disparamos temprano, antes de que el arquero esté listo, y golpeamos con fuerza con el empeine para mayor precisión. Abrimos nuestros cuerpos para disimular la colocación del tiro.

Número Treinta - Ejercicio: Girar y disparar

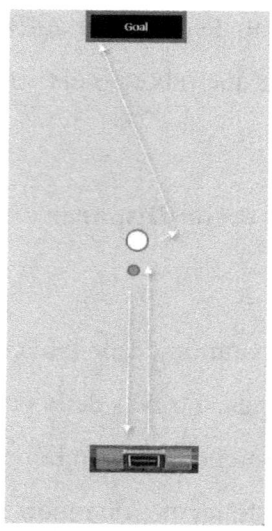

Este es un ejercicio particularmente bueno para practicar solo. El objetivo es girar rápidamente y disparar. Requiere un rebote y un gol emergente, un área de juego de al menos 20 metros de longitud y aunque funcionará con una sola pelota, una colección más grande hace que el ejercicio valga más la pena.

Durante el ejercicio practicaremos una serie de giros. Para más detalles de estos, ver el penúltimo capítulo sobre las habilidades de control de la pelota.

frente al reboteador (un jugador humano también puede cumplir este rol). Jugamos un pase al reboteador y nos posicionamos en la media vuelta listos para el pase, recibimos el retorno, giramos rápidamente y disparamos. Si tenemos suficientes pelotas para no tener que recuperar el tiro inmediatamente, repetimos el ejercicio rápidamente, trabajando duro a ritmo.

Deberíamos intentar un número de giros diferentes, trabajando en ambas direcciones para ayudar a desarrollar nuestro lado más débil, y mirar de alejar nuestros disparos rápidamente.

Las habilidades que estamos desarrollando en este ejercicio son

- Recibir un pase en la media vuelta,
- Girar rápidamente,
- Girar con diferentes técnicas,

- Disparar por primera vez con potencia y precisión.

Terminemos este capítulo con una pequeña colección de juegos divertidos que podemos jugar o enseñar a nuestros hijos.

Número Treinta y Uno - Ejercicio: Uno por cada lado 2 vs 2 o más

Este juego utiliza cualquier equipo que tengamos a mano que pueda usarse para representar jugadores adicionales. Necesitamos dos arcos pequeños (o equivalentes) y cualquier otro equipo que le prestemos para el ejercicio. Un reboteador se sienta a un lado en la línea media. Si tenemos una pared que también podemos usar, entonces esto hace una línea táctil que podemos usar como lo haríamos en un juego interior de cinco por lado y estar disponible para pases de pared.

Los jugadores pueden colocar los maniquíes en el mejor lugar que crean conveniente, como un arquero o un defensor central.

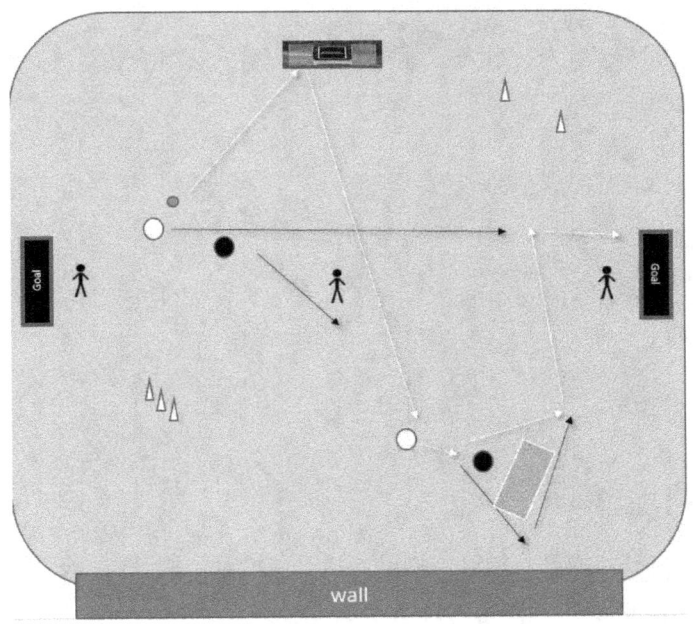

Cuando el campo está listo, jugamos un partido 1 contra 1, usando el equipo para apoyar nuestro esfuerzo.

Además de las habilidades con la pelota, aquí estamos ayudando a desarrollar la resistencia y la forma física.

Número Treinta y dos - Ejercicio: Práctica de tiro al blanco

Para este ejercicio, necesitamos un gol emergente y una pelota. Si estamos jugando de manera competitiva, entonces cada jugador requiere una pelota.

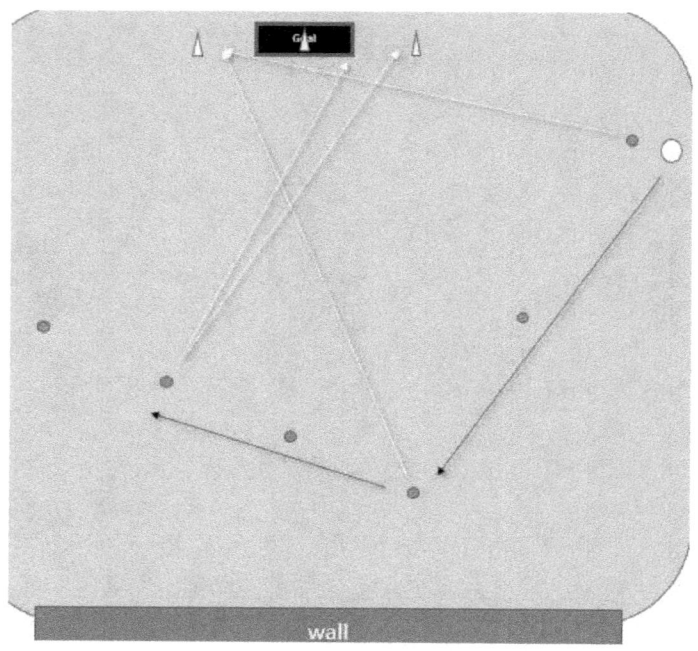

Establezca un número de posiciones de tiro alrededor del patio trasero. Dividan la meta en tres zonas: centro, cerca del arco y lejos del arco. Si la arco emergente es particularmente pequeña, entonces agregue zonas amplias a cada lado.

Entonces dispare desde las diferentes posiciones. Estas posiciones están marcadas como puntos grises. El tiro al arco cercano vale un punto, el tiro central vale dos, y el tiro al poste lejano tres. El ejercicio puede hacerse más difícil colocando obstáculos, como cajas de zapatos vacías, frente a la meta, requiriendo que el tiro sea lo suficientemente firme para eliminar los obstáculos.

Las habilidades clave aquí son disparar con precisión y potencia.

Número Treinta y Tres - Ejercicio: Realizar malabares y disparar

Aquí combinamos las habilidades individuales de malabarismo con el tiro. Los jugadores comienzan a 10 metros de la meta. Se establece un límite de tiempo, digamos cinco minutos. Los jugadores deben completar diez malabares y luego disparar sin tocar.

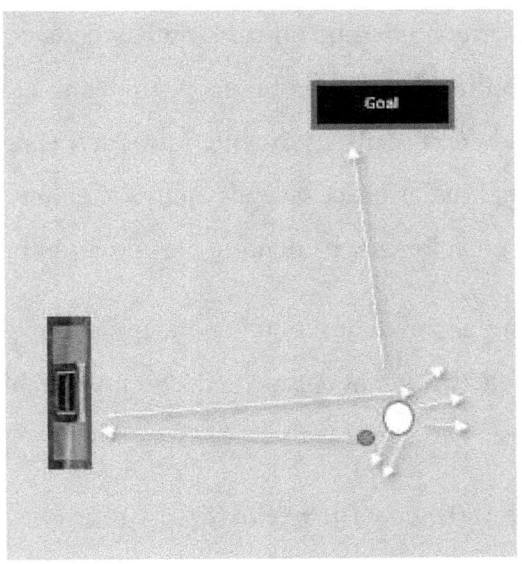

Si anotan, reciben un punto. Si fallan, deben empezar los malabares de nuevo. Si la pelota toca el suelo durante una secuencia de malabares, pueden reiniciar el malabarismo desde el punto en que se equivocó. Por ejemplo, si están en seis malabares cuando cometen un error, se reanudan en seis, requiriendo solo cuatro más antes de poder disparar.

Aquí estamos practicando las habilidades clave de la destreza con la pelota y el tiro. Los jugadores más hábiles pueden comenzar con un pase de regreso del rebote, desde el cual comienzan su malabarismo.

Número Treinta y Cuatro - Consejo: Competir con nuestros hijos

Si pasamos mucho tiempo en casa, no hay nada como salir y jugar al fútbol con nuestros hijos. El problema puede venir si las cosas se vuelven demasiado competitivas. Intente introducir sistemas de discapacidad para igualar las cosas, por ejemplo, en un concurso de tiro desde diferentes posiciones o haciendo goles de diferentes tamaños.

De esa manera, con la desventaja ponderada a nuestro favor, existe la posibilidad de que podamos vencer a nuestro hijo de diez años en un juego o dos

Número Treinta y Cinco - Ejercicio: Tres y más

Un juego tradicional muy simple para dos jugadores. Uno juega como arquero, el otro como jugador de campo. Marque tres goles e intercambie roles. Para hacer el juego más divertido y agregar interés, prueba las siguientes variaciones:

- El arquero solo puede usar las manos y el cuerpo, no los pies o las piernas,
- Juegue con una pelota de tenis, de playa o de esponja para variar,
- El arquero se queda de rodillas.

Como veremos a medida que el libro se desarrolla, no hay ninguna afirmación de que tales ejercicios son tan excitantes o complejos como los que podríamos usar en una sesión de entrenamiento completa. Nuestro objetivo es hacer el máximo uso de los recursos a nuestra disposición, ayudando a desarrollar nuestras habilidades y mantener nuestra forma física en circunstancias difíciles.

Ejercicios con reboteadores

Este es un gran equipo que transformará la gama de ejercicios que podemos practicar en nuestros patios. Tal vez el mayor beneficio que una herramienta como esta trae al jugador de fútbol de entrenamiento en casa es que permite que los ejercicios de equipo sean trabajados por el individuo. Dado que el fútbol es, más que nada, un deporte de equipo, tal ventaja vale su peso en goles.

Sin algo como un reboteador, esas habilidades esenciales para el fútbol - pases, cabeceo (para jugadores mayores y adultos), toque y, en menor medida, tiro son muy difíciles de desarrollar. Sin embargo, el reboteador pone en juego la repetición necesaria para regar estos elementos clave de nuestro juego y animarlos a crecer.

Número Treinta y Seis - Ejercicios: Cincuenta y un pases de toque

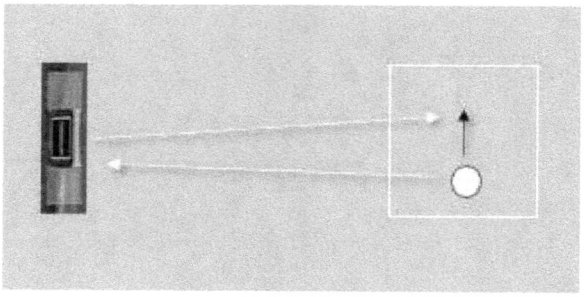

Un ejercicio muy simple para comenzar. Pero sigue siendo uno que no solo ayuda con el calentamiento, sino que también ayuda al jugador a obtener la "sensación" de un pase bien ponderado. Todo lo que se necesita es el reboteador, una pelota y una pequeña cuadrícula marcada de 5 metros cuadrados, de cinco a diez metros (dependiendo del nivel de dificultad) frente al reboteador.

El jugador juega 10 primeros pases con un pie, cambia al otro, repite y juega los últimos diez pases golpeados con la parte exterior del pie, alternando los pies. El jugador debe permanecer dentro de la cuadrícula para jugar los pases.

Las habilidades clave aquí son:

- Reforzar el pase,
- Moverse rápidamente a la posición para jugar el próximo pase la primera vez,
- Recuerde la posición clave del cuerpo: los brazos hacia afuera para mantener el equilibrio, sobre los dedos de los pies, golpeando la pelota con el empeine o fuera del pie, en la media vuelta cuando la pelota llega

Número treinta y siete - Ejercicio: Pase de volea con un reboteador

Podemos hacer este ejercicio más difícil intentando pases de volea. Las habilidades clave que desarrollaremos son:

- Inclinar nuestro cuerpo hacia un lado, con brazos para mantener el equilibrio.

- Golpear la pelota con los cordones,
- Seguimiento suave,
- Apuntar ligeramente hacia un lado para mayor precisión, ya que la pelota se curvará naturalmente lejos del ángulo de la pierna.

Mire para atrapar la pelota y repita. El ejercicio puede hacerse más difícil si se empieza con un pase normal desde el suelo, y luego se juega la volea después del rebote en la vuelta.

Número treinta y ocho - Consejo: Buscando el Reboteador

Intenta experimentar con la colocación del reboteador en diferentes ángulos para aumentar la dificultad de recibir pases de retorno.

Número Treinta y nueve - Consejo: Múltiples Reboteadores

Cuando las instalaciones y el equipo lo permitan, establezca ejercicios (como el siguiente) utilizando múltiples reboteadores y una pared.

Número cuarenta - Consejo: Cuadrar la zona

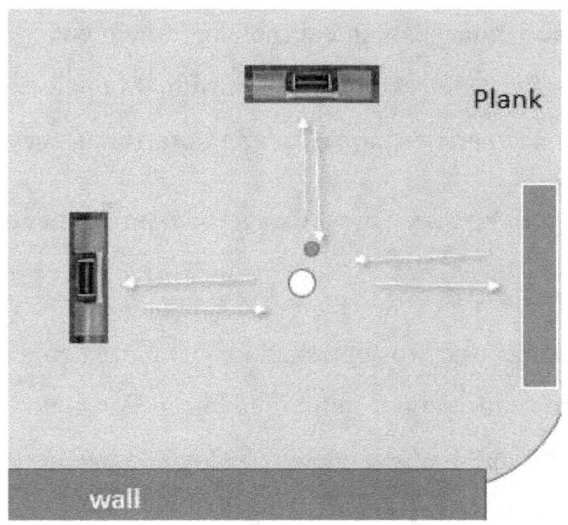

Este ejercicio requiere un poco más de equipamiento que la mayoría. Asumimos dos reboteadores, una pared y un tablón de madera maciza del garaje para formar el cuarto lado de la plaza.

Creamos un cuadrado de veinte metros usando el equipo y la pared. Un cuadrado más pequeño funciona si el espacio es limitado. El ejercicio consiste en jugar pases de retorno de los rebotes y su equivalente improvisado, recibir la pelota, girar noventa o ciento ochenta grados y hacer un pase a otro lado.

Las habilidades clave que desarrollaremos aquí son:

- Pasar con firmeza y precisión usando el empeine,
- Control en la media vuelta,
- Cambiar la dirección en el control,

Deberíamos tratar de mantenernos ligeramente alerta, mantener nuestros brazos fuera de equilibrio y amortiguar la pelota cuando se sale de los rebotes o las paredes para ayudar a desarrollar nuestra técnica.

Número Cuarenta y Uno - Consejo: Usar la tecnología para la técnica

Normalmente, nuestros entrenadores y compañeros de equipo estarán allí para aconsejarnos sobre la técnica. Si estamos practicando solos, esa ayuda falta. Es fácil caer en malos hábitos, particularmente cuando repetimos los ejercicios.

Configurar nuestro teléfono y cambiarlo a grabación nos permitirá comprobar nuestra técnica. Entrenamos por dos minutos, revisamos el video del teléfono para nuestra técnica, si es bueno continuamos el ejercicio. Si nuestra técnica es incorrecta, entonces la ajustamos, grabamos de nuevo, comprobamos y continuamos cuando la tenemos correcta.

El capítulo final de nuestro libro contiene consejos y orientación sobre técnicas clave en el fútbol.

Número cuarenta y dos - Consejo: Controlar una pelota alta (1)

Al lanzar la pelota al reboteador, podemos crear pases precisos de alto retorno para nosotros.

Para este ejercicio solo necesitamos una pelota y un reboteador. Además, por supuesto, nosotros mismos. El ejercicio consiste en lanzar la pelota contra el reboteador, y luego controlar el retorno. Luego bajamos el pelota y lo pasamos de vuelta al rebote usando nuestros pies. Cuando la pelota es devuelta, lo recogemos y repetimos el ejercicio.

Deberíamos usar los pies para ponernos en posición rápidamente para poder controlar la pelota en el pecho.

Las habilidades clave que desarrollaremos en este ejercicio son:

- Moverse rápidamente a su posición para darnos tiempo para controlar la pelota,
- Mantener los brazos fuera para mantener el equilibrio y la protección.
- Proteger la pelota con el cuerpo mientras cae,
- Lanzar el primer pase.

Número cuarenta y tres - Ejercicio: Controlar una pelota alta (2)

Repetimos el ejercicio número cuarenta y dos, pero esta vez trabajen en el control de la pelota con el muslo.

Las habilidades que estamos desarrollando son:

- Moverse rápidamente a la posición,

- Levantar el muslo receptor para que la pelota caiga a la mitad entre la parte superior y la rodilla,
- Amortiguar ligeramente para permitir que la pelota caiga,
- Mantener la cabeza está quieta durante el procedimiento,
- Lanzar el pase.

Número Cuarenta y Cuatro - Ejercicio: Tomar una decisión...

Los lanzamientos son una parte cada vez más importante del juego. Ya no se trata solo de una reanudación; con el rápido pase al contraataque del fútbol moderno, perder la posesión de un lanzamiento puede poner a un equipo en problemas, y el control del lanzamiento se convierte así en algo extremadamente importante.

Igualmente, un tiro largo tradicional puede convertir una defensa y crear una oportunidad de ataque.

Podemos usar el reboteador para practicar tanto el lanzamiento como la recepción de este. Lanzamiento desde la distancia para mejorar la fuerza y la precisión, lanzamiento desde más cerca para mejorar el control del retorno.

Veinte lanzamientos, desde cuatro posiciones diferentes, nos permitirán practicar las siguientes habilidades clave:

- Precisión en el lanzamiento,
- Tiradas largas,

- Controlar el retorno con diferentes partes del cuerpo,
- Moverse a la posición para recibir el retorno rápidamente.

La técnica para un lanzamiento largo implica una carrera corta hacia arriba, ambos pies se plantan firmemente detrás de la "línea", los arcos traseros y la pelota - sostenida firmemente con dos manos, tan cerca una de la otra como el control lo permita. La pelota es lanzada hacia adelante con una acción de resorte de ambos brazos y se suelta justo antes de la vertical con un último movimiento de las muñecas. Si se suelta demasiado pronto, se ganará mucha altura, demasiado tarde y el pelota rebotará en el suelo.

Los expertos en tiros largos desarrollan un tiro "plano", uno que tiene poco arco, pero que en cambio se acelera en una trayectoria relativamente plana. Se requiere una considerable fuerza en la parte superior del cuerpo, aliada a una buena técnica, para lograr esto. Tengan cuidado de no forzar los músculos de la espalda cuando intenten esto.

Número cuarenta y cinco - Consejos: Errores con los jugadores jóvenes

A los jugadores muy jóvenes les resulta difícil lanzar. Esto se debe a que no han desarrollado la coordinación para realizar todos los diversos movimientos simultáneamente y con control. Considere que los pies deben juntarse, ya que los brazos giran desde atrás de la espalda mientras mantienen la sujeción de una gran esfera (en relación con las manos pequeñas), un resorte debe ser inyectado en los brazos a medida que la pelota avanza. La liberación debe estar en el punto perfecto y aliada a un movimiento de las muñecas.

Dos errores comunes de los jugadores jóvenes es que un pie se lanza al aire al soltarlo, resultando en un lanzamiento de falta o que la pelota se salga de las manos, y no vaya a ninguna parte.

El primer error es causado por el joven jugador que intenta lanzar la pelota demasiado lejos. Fomenta que la distancia provenga de la técnica en lugar de la potencia. El segundo es porque las pequeñas manos del jugador significan que están sosteniendo la pelota demasiado en lados opuestos. Anime al jugador a poner sus manos detrás de la pelota tanto como sea posible, incluso si esto significa que solo puede lanzarla a corta distancia.

Número cuarenta y seis - Ejercicio: Desafío de cabeza

Debemos tener cuidado con los ejercicios de dirección. Las investigaciones empiezan a demostrar un vínculo entre la demencia de la vida tardía y la dirección de la pelota. La desafortunada condición es tres o cuatro veces más frecuente en exjugadores de fútbol que en la población general.

Se recomienda que los dos siguientes ejercicios se jueguen con una pelota de esponja seca, o una pelota ligera. En caso de no ser así, solo los adultos deben intentarlos, y luego solo uno de los ejercicios en una sesión particular, y por no más de cinco repeticiones.

Ponga el objetivo emergente en ángulo recto con el rebote. Empezando desde fuera del poste lejano del rebote, lanza hacia abajo dos manos para crear un rebote flotante. Corre hacia la pelota y apunta a elevarte por encima de él, dirigiéndote hacia abajo.

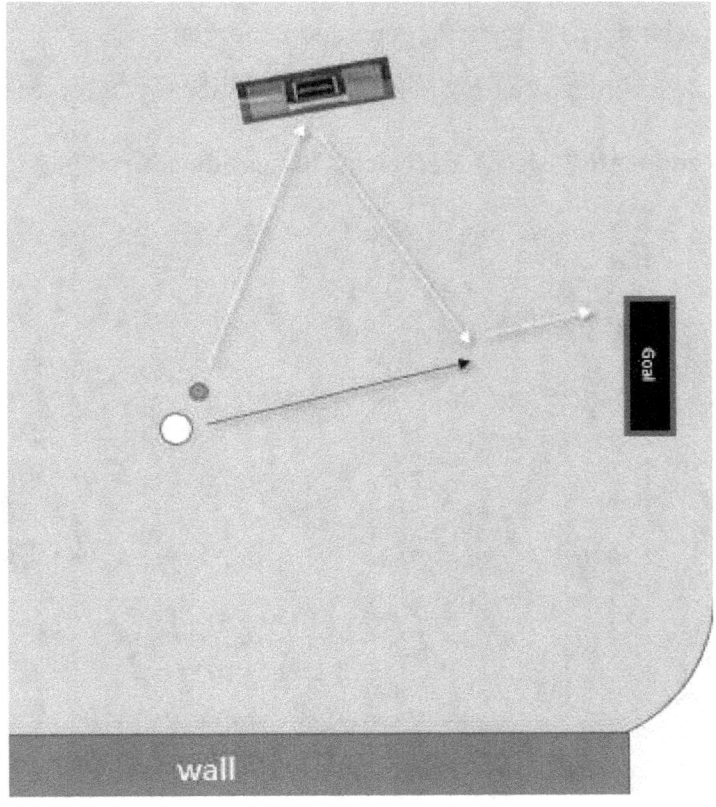

Habilidades clave:

- Mida el tiempo de la carrera y el salto de modo que nos encontremos con la pelota lo más alto que podamos, pero no demasiado alto para que no podamos superar la pelota para dirigirnos hacia abajo,
- Cabeza con el centro de la frente, torciendo el cuello en el impacto para dirigir la pelota,
- Use los músculos del cuello para empujar la cabeza hacia adelante en el impacto, generando energía,
- Use los brazos extendidos para el equilibrio y la protección.

Número cuarenta y siete - Ejercicio: Buscando el área

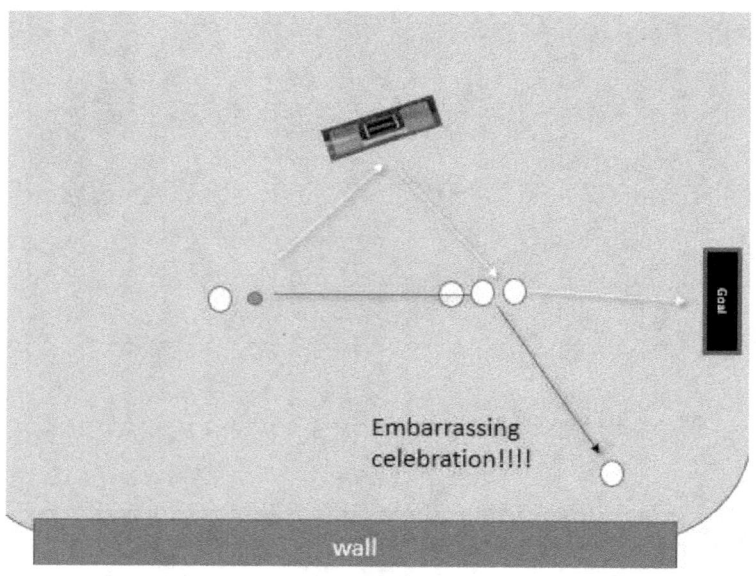

No hay nada más divertido que un cabezazo desde el área. Para este ejercicio, comienza en línea con el poste lejano de la portería

emergente, en relación con el rebote. De un par de pasos y lance la pelota bajo el brazo al rebote. Asegúrese de que la pelota se libere en un ángulo, para que el rebote esté inclinado hacia adelante. (Puede que lleve unos cuantos intentos conseguir que la entrega de la pelota sea correcta, aquí.)

Continúe corriendo hacia la pelota, y sincronice la inmersión para golpear la pelota con la frente en medio del vuelo.

Realice una celebración espectacular si la pelota vuela a la red.

Número Cuarenta y ocho - Consejo: Lanzamiento al Reboteador

Para sacar lo mejor del reboteador, vale la pena pasar unos minutos examinando lo que sucede con los diferentes lanzamientos. La precisión se logra mejor con un lanzamiento de doble mano bajo el brazo. El tiro de "boliche" de un arquero generará altura y bucle en el regreso. Un lanzamiento de doble brazo con doble mano, hacia abajo y con poder, generará un poderoso retorno, con menos bucle en su arco.

Número cuarenta y nueve - Consejo: Arquero

Una buena y divertida manera de aprender sobre el efecto de los lanzamientos en el rebote es combinar las pruebas con un ejercicio de portería. (para los niños, definitivamente, pero los adultos también disfrutan de los lanzamientos. ¡Especialmente si pueden justificarlo!).

Ponga un objetivo frente al reboteador y láncelo desde entre los dos. Intente salvar los rebotes. El ángulo del reboteador también puede ser cambiado para generar paradas más difíciles.

Habilidades clave:

- Párese ligeramente sobre los dedos de los pies, con las rodillas dobladas y los brazos ligeramente hacia adelante y hacia afuera,
- ¿Tiene los dedos de nuestras manos apuntando hacia arriba?
- Rebote suavemente sobre los dedos de los pies, doblando ligeramente las rodillas sobre el rebote,
- Cuando se sumerja, patee con fuerza con el pie opuesto a la dirección de la inmersión,
- Vigile la pelota durante la inmersión.
- Si la atrapas, mantén los dedos hacia arriba y lleva la pelota al cuerpo al hacer la captura,
- Si se aleja la pelota de la mano, mantenga las muñecas cerradas para evitar que la pelota pase a través de la mano,
- Si la pelota está lejos de la meta, idealmente detrás para un córner.

Un pequeño consejo, ya que habrá algunos consejos espectaculares sobre la barra con este ejercicio, no coloque el objetivo demasiado cerca de la cerca del patio. Nuestros vecinos podrían cansarse un poco de devolver pelotas de fútbol perdidas...especialmente si deben recogerlas de los restos de sus petunias.

Número cincuenta - Ejercicio: Dispare y proteja

Este ejercicio se basa en el anterior. En lugar de lanzar la pelota, disparamos con fuerza al reboteador, luego nos ponemos rápidamente en posición para salvar el rebote.

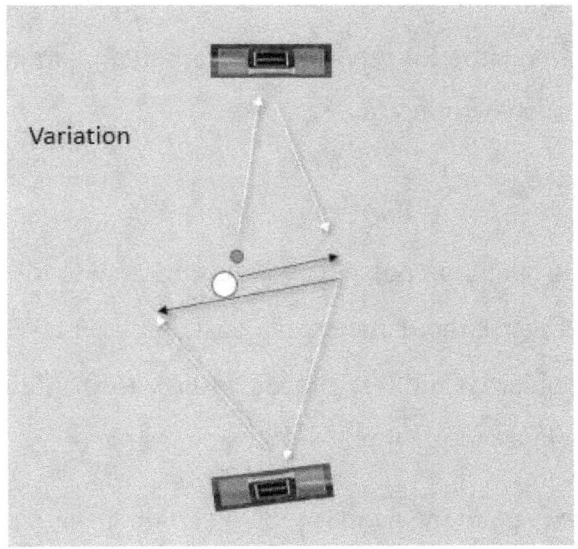

Establezca una meta y rebote aproximadamente a diez o quince metros de distancia. Comienza dos tercios del camino de regreso a la meta.

Dispare hacia el reboteador y mire para salvar el rebote. Trabaje duro para ponerse en posición rápidamente y así estar en la mejor posición para hacer la salvada.

El ejercicio se puede desarrollar cambiando el ángulo del reboteador o disparando desde posiciones más anchas, lo que proporciona más terreno para cubrir para realizar el ejercicio.

Otra variación utiliza dos reboteadores. Aquí el jugador se coloca a mitad de camino entre los rebotes, dispara, salva y gira rápidamente para disparar el rebote opuesto.

Habilidades clave:

- Disparar con potencia y precisión usando los cordones,
- Moverse rápidamente a la posición,
- Doblar las rodillas, brazos arriba y listos, ligeramente balanceados sobre los dedos de los pies.

Dado que la pelota viaja más rápido con un disparo que con un lanzamiento, necesitamos mover nuestros pies mucho más rápido para ponernos en posición con esta adaptación del ejercicio. Se replica una situación de partido en la que un arquero acaba de hacer una parada con sus pies y necesita recuperarse rápidamente para un tiro de seguimiento.

Número Cincuenta y Uno - Consejo: La importancia de la repetición

Estaríamos tratando de engañar a los jugadores de fútbol si pretendiéramos que una sesión de entrenamiento en el patio trasero es tan valiosa como una reunión dirigida por un entrenador. Sin embargo, con las prácticas de rebote un elemento importante para nuestro desarrollo como jugadores puede ser realmente utilizado. Y es la repetición.

En el consejo 41, recordamos la importancia de la buena técnica, especialmente cuando no tenemos a nadie que nos vigile. Siempre que nuestra técnica sea buena para los ejercicios que emprendamos, la repetición que es una parte inevitable del uso de un rebote entrenará nuestros músculos para responder adecuadamente a las situaciones en el campo. Automáticamente pesamos un pase, automáticamente nos ponemos en posición de recibir uno, por ejemplo.

Treinta o cuarenta repeticiones de cada ejercicio, dos o tres veces por semana, verán que nuestras sesiones de entrenamiento individual realmente dan resultados.

Al mismo tiempo, si nuestra técnica es deficiente, entrenaremos nuestros músculos para responder de manera incorrecta a las situaciones. Automáticamente, bajo la presión de un partido, adoptaremos la posición incorrecta del cuerpo para recibir un pase o golpearemos con la parte incorrecta del pie.

Si se usa correctamente, la repetición es una ventaja. Si se aplica incorrectamente, puede convertirse en una desventaja.

Esperemos que este capítulo haya demostrado que, de todo el equipo que podemos comprar para las sesiones de entrenamiento en el patio trasero, un rebote es uno de los más importantes. Se convierte en un compañero de equipo, y en una herramienta que puede ampliar la variedad de ejercicios que podemos realizar y crear oportunidades para el uso creativo del espacio que tenemos disponible.

Cuando los amigos vienen a jugar

Durante la actual pandemia, muchos países han instigado varios grados de reglas de salida. Sin embargo, algunos están permitiendo un contacto limitado entre amigos y familiares. Por ejemplo, si hay un hermano, una madre u otros padres, un hermano y un pariente en el hogar, o si se les permite que un amigo se acerque.

Sin embargo, de acuerdo con las buenas prácticas, los ejercicios están siempre diseñados para permitir a los jugadores permanecer al menos a dos metros de distancia.

Número cincuenta y dos - Ejercicio: Pase y Muévase

Un ejercicio práctico para mejorar la conciencia de los compañeros de equipo y cambiar la dirección de un pase.

Para este ejercicio, necesitamos dos filas de cuatro conos con cada uno de los conos a cinco metros de distancia. Luego, la separación entre las dos líneas de conos es de diez metros, y a medio camino entre ellos hay dos conos más separados por cinco metros.

El ejercicio comienza con la primera vez que pasa entre los dos conos centrales. Después de que la pelota ha sido pasada al **menos cuatro veces** uno de los jugadores elige pasar a uno de los conos exteriores. El compañero entonces cambia el ángulo del pase. El jugador que se ha movido regatea detrás de los conos, hasta que esté en línea con los conos centrales, y se repite el ejercicio.

Los 6 números del diagrama representan las 6 líneas donde se pasa la pelota.

Trata de evitar alternar qué jugador se mueve mucho, en vez de eso nos comunicamos con los ojos para mostrar que estamos a punto de cambiar de posición.

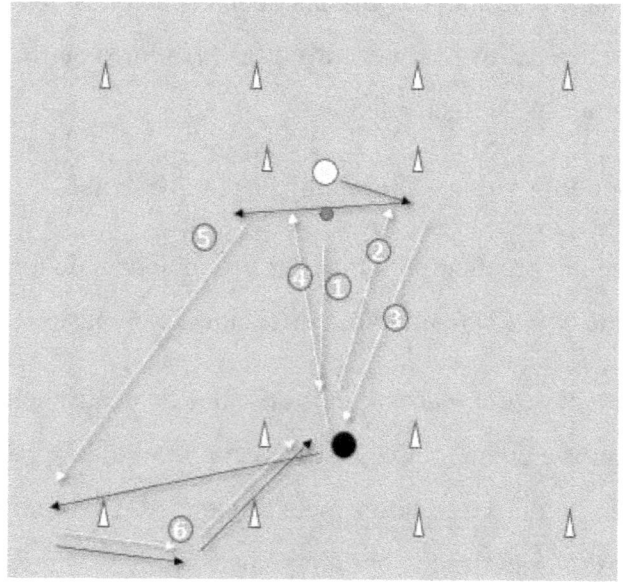

(Para mayor claridad, en este complicado diagrama hemos enumerado el orden de los pases.)

Las habilidades clave en este ejercicio son:

- Pases precisos y comprensivos por primera vez, por el suelo y con el empeine para ayudar al control.
- Mantenerse alerta y en alerta,
- Retroceder de espaldas a ritmo para cambiar de posición,
- Cambiar la posición del cuerpo rápidamente para jugar un pase en ángulo.

Número Cincuenta y Tres - Ejercicio: Cuatro puestos

Una variante del ejercicio anterior, aquí tenemos un cuadrado de 10 metros con un cono en cada esquina. Los jugadores deben pasar entre dos conos cualesquiera, al cuadrado, pero la pelota debe salir entre la pareja donde el jugador comienza. El ejercicio fomenta el movimiento para crear espacio, cambio de ángulos corporales y comunicación.

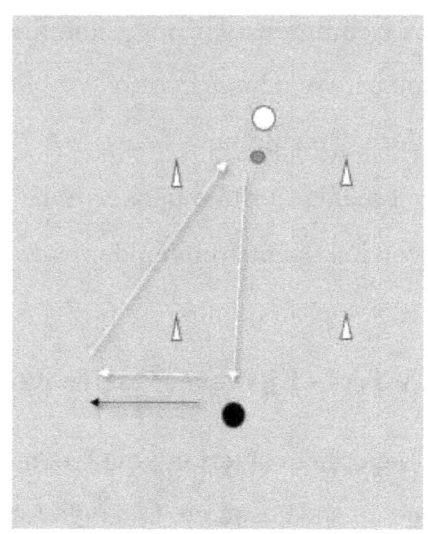

Número Cincuenta y Cuatro - Ejercicio: Cuatro variantes pasadas

Podemos desarrollar este ejercicio con la siguiente variante. Aquí, cuando se pasa la pelota, el receptor juega un primer toque para tomar la pelota entre un par diferente de conos, trota alrededor del cono más cercano y juega un pase como en el ejercicio anterior.

Se fomenta el movimiento del jugador receptor, ayudándole a crear nuevos ángulos desde los que jugar el pase. Los jugadores también deben trabajar duro para volver a la posición para recibir su próximo pase.

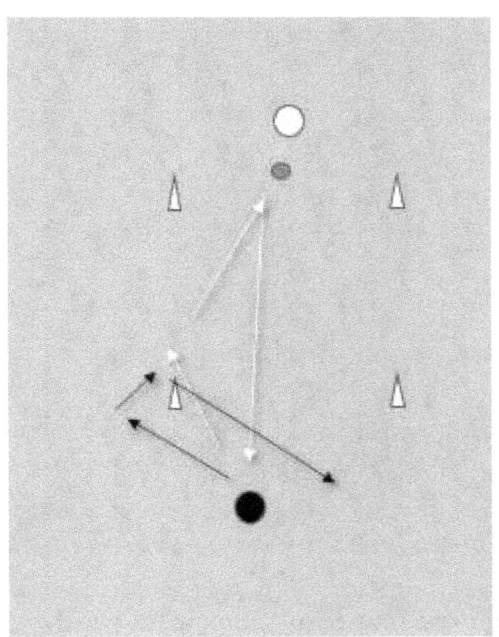

Número Cincuenta y Cinco - Ejercicio: Cuatro postes cambian el ángulo

Nuestra última variante de este simple pero efectivo ejercicio requiere que el receptor cree espacio controlando la pelota para desplazarla 90 grados lateralmente, hacia fuera de los conos, antes de pasar a través del par de conos hacia los que corre su compañero.

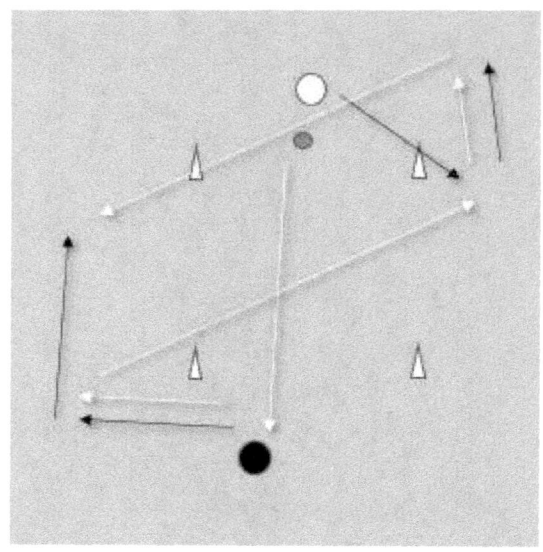

- El jugador debe mover su cuerpo para abrirlo y dirigir el primer toque,
- Las opciones para controlar la primera pasada incluyen:
    - Rodar los tacos sobre la pelota para desplazarla hacia los lados.
        - Permitir que la pelota pase al pie trasero y usar el empeine para cambiar de dirección,
        - Enganchar el pie trasero para arrastrar el pelota en la dirección opuesta a donde lo llevaría un control de empeine,
- La posición del cuerpo es importante para recibir el pase. Toma la media vuelta para permitir opciones en cuanto a qué pie recibe la pelota. Esto ayudará a engañar a las defensas.

Número Cincuenta y Seis - Ejercicio: Ejercicio de repaso

Necesitamos las extremidades completas de nuestro patio trasero de 30 metros por 30 metros para este ejercicio. Fijamos un rectángulo en cada extremo, 10 metros por 3 metros. El objetivo es tirar la pelota de una caja a la otra. Podemos colocar un objeto en el medio para hacer el desafío más difícil, como un rebote o un gol.

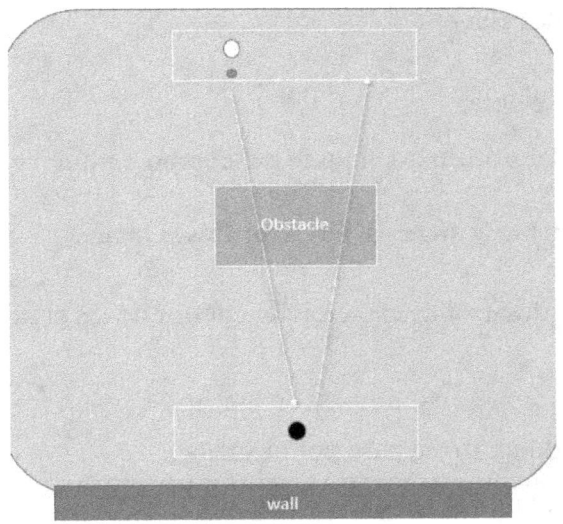

La técnica que empleamos es la siguiente:

- Coloque el pie que no patea al lado y ligeramente, muy ligeramente, detrás de la pelota,
- Acérquese desde un ligero ángulo, golpee la pelota con la parte superior del empeine/ dedo gordo del pie, golpeando la pelota en la parte baja,

- Inclínese ligeramente hacia atrás,
- Mantenga la cabeza quieta mientras golpea la pelota,
- Continúe sin problemas para asegurar que la pelota pase el obstáculo.

Repita diez veces cada una, y luego desarrolle el ejercicio con algunas de las ideas número cincuenta y siete abajo.

Habilidades clave:

- Tirar la pelota,
- Controlar utilizando la parte del cuerpo pertinente.

Número cincuenta y siete - Ejercicio: Pases largos

Podemos desarrollar el ejercicio anterior de las siguientes maneras:

- Haciendo un firme pase por el suelo
    - Plante el pie que no patea,
    - Golpee con el empeine,
    - Mantenga la cabeza sobre la pelota,
    - Siga con confianza,
    - La pelota debe curvarse ligeramente con el movimiento de la pierna que golpea.
- Pase enroscado con la parte exterior del pie
    - Plante el pie que no patea,

- o Golpee firmemente con el exterior de la bota,
- o Siga con una elevación alta,
- o Mantenga la cabeza quieta, y los brazos fuera para el equilibrio
- o Puede colocar un obstáculo a mitad de camino en la zona de paso para curvar el pelota.
- Pase conducido con cordones,
    - o Ponga el pie que no patea firmemente al lado de la pelota,
    - o Golpee la pelota con los cordones,
    - o Doble la rodilla y mantenga la cabeza hacia adelante para que la pelota se mantenga baja.

Número Cincuenta y ocho -Ejercicio: Pase de volea controlado

Divida el ancho del patio en tres zonas iguales. Coloque un obstáculo, como una red de bádminton, una cinta en los postes o incluso un objetivo emergente en el medio de la zona central.

Pase de volea a cualquier extremo. Pruebe varias formas de volea.

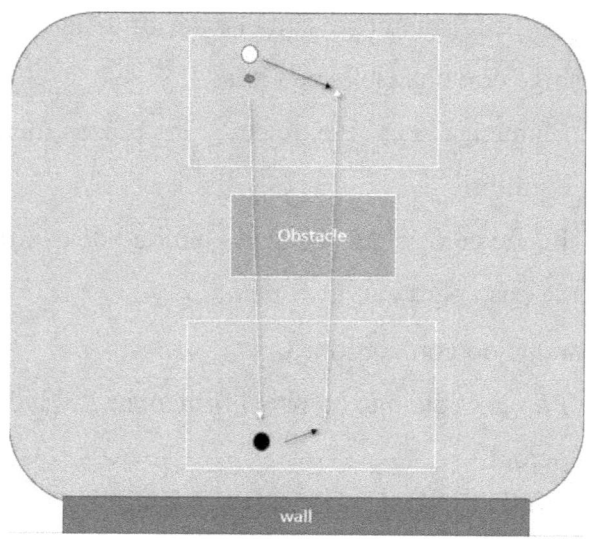

Estos pueden incluir:

- Voleos de pie lateral, a menudo usados por jugadores defensivos que hacen un despeje,
    - Colóquese de lado de la pelota, sin patear la pierna hacia adelante,
    - Observe la pelota en el pie trasero, poniéndose en posición lo más rápido posible,
    - Apunte a golpear la pelota entre la pantorrilla y la altura de la rodilla,
    - Mantenga los brazos fuera para mantener el equilibrio y la cabeza quieta,
    - Golpee con el empeine, usando una acción suave,
    - Apóyese en el impacto,

- o Buscamos la altura y la distancia en esta volea.
- Modifique la volea de patada, donde es importante hacer contacto con la pelota lo antes posible,
  - o Adopte la misma posición que arriba,
  - o Golpee la pelota con los cordones del pie avanzado,
  - o Esta volea potencialmente viajará más lejos, pero es más difícil de controlar.
- Volea lateral, o patada de arquero,
  - o Aquí nos posicionamos al lado de una pelota que cae,
  - o Apóyese en la pelota, usando las manos para el equilibrio,
  - o Atraviese la pelota con la parte superior de los cordones,
  - o La pelota debe viajar plana, y se puede encontrar una buena precisión.

Número Cincuenta y nueve - Ejercicio: Pase y anote.

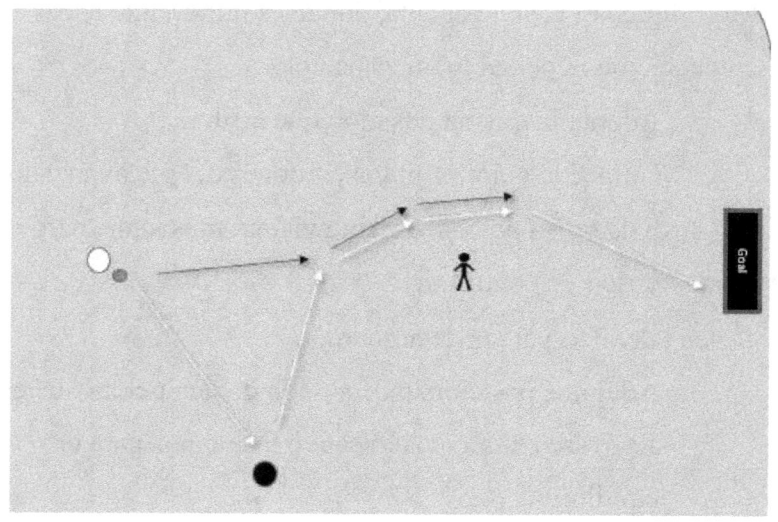

Aquí buscamos conseguir la jugada de acumulación justo antes de marcar en el gol vacío. Coloque el objetivo emergente a un lado del patio. Coloque un maniquí aproximadamente a 15 metros de la meta. Juegue un pase de vuelta con el compañero, golpee al maniquí y dispare.

Repita diez veces e intercambie los papeles. Este ejercicio funciona bien con múltiples pelotas.

Las habilidades clave en las que estamos trabajando incluyen:

- Primer pase con precisión,
- Esquivar para vencer a un defensor,
- Disparar con precisión.

Número sesenta - Ejercicio: Disparar y anotar con los jugadores

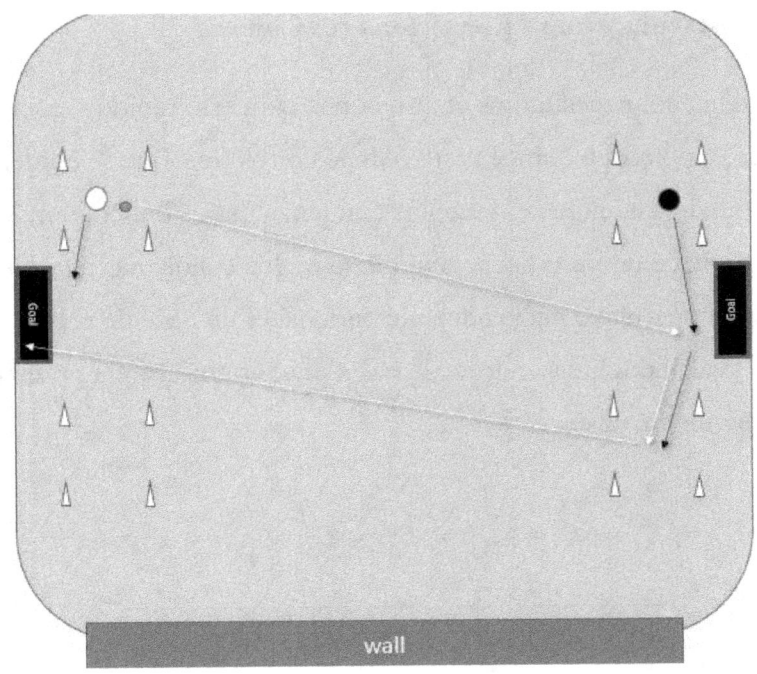

Se necesitan dos objetivos para esto. Coloque las porterías en cada extremo del patio, marcadas con un pequeño área de penalización, y tómense turnos para disparar a distancia desde el área propia de cada jugador.

Se pueden añadir variaciones al juego al tener dos áreas a cada lado de la meta, con jugadores que solo pueden moverse delante de su meta después de que se haya realizado el disparo. Se pueden introducir penaltis, por ejemplo, si el tiro es demasiado amplio, o demasiado alto, un resultado de penaltis libre.

El primero en anotar diez victorias.

Número sesenta y uno - Ejercicio: Tres Conos

De hecho, necesitamos cuatro conos para este rápido y enérgico ejercicio. Uno está a quince metros de los otros tres, que se colocan en formación de triángulo. El receptor comienza detrás del cono más lejano. Se hace un paso hacia cualquiera de los conos más avanzados. El receptor se mueve hacia adelante para hacer un pase de regreso desde el cono avanzado, luego retrocede hasta el cono trasero para prepararse para el siguiente pase.

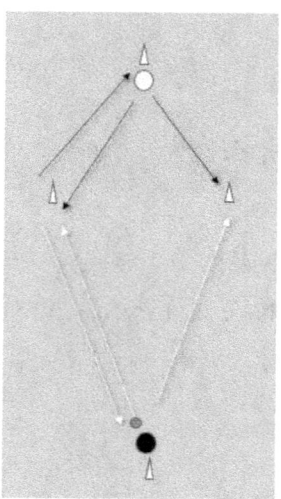

Habilidades clave:

- Moverse para recibir un pase,
- Pasar la primera vez con el empeine.

Número Sesenta y dos - Ejercicio: retroceder y disparar

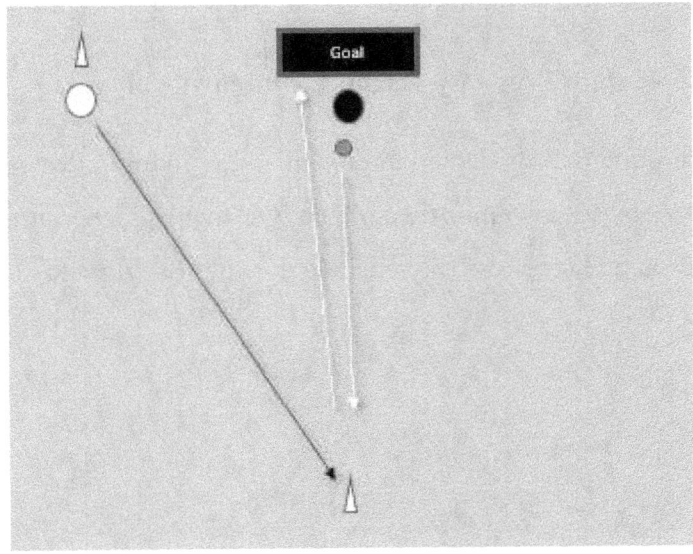

Este es un gran ejercicio para animar a los huelguistas a pedalear hacia atrás para ponerse en posición de tiro. Funciona bien con varias pelotas, pero se puede jugar con una sola.

Un cono se coloca a 5 metros del lado de la meta, y otros diez metros delante de la meta. El jugador comienza por el cono delantero, y pedalea hacia el central. Mientras tanto, el otro jugador, actuando como arquero, pasa directamente hacia el cono central.

El delantero debe ponerse en posición y disparar la primera vez. Luego se repite el ejercicio, con el arquero recuperando la pelota si es necesario.

El ejercicio se puede desarrollar cambiando la posición del cono central para cambiar el ángulo del pedal trasero y también el tiro.

Número Sesenta y Tres - Ejercicio: Cabecear y volear

¿Y por qué no? Brillante para los niños, es lo que jugarían en el parque. Y todos somos niños de corazón. (Al menos, deberíamos serlo.) Solo recuerda mantener esa distancia de dos metros entre nosotros.

Divertidos juegos basados en el fútbol

La mayoría de los juegos de este capítulo pueden ser jugados por jugadores individuales, uno contra uno o equipos pequeños. Están diseñados para desarrollar habilidades futbolísticas mientras ofrecen una alternativa competitiva a un partido normal.

Número Sesenta y Cuatro - Ejercicio: Dardos de fútbol (usando objetivos)

Para este juego se necesitan tres pelotas (aunque, podemos arreglárnoslas con una), una red de objetivos a través de la meta (ver el consejo para los objetivos caseros si no tenemos uno de estos). Coloca un cono a diez metros del objetivo. Este es el "oche", la línea desde la que se patea el dardo de fútbol.

Se da un valor a cada objetivo; hacer que el más difícil valga 60 puntos, y luego bajar a 30 puntos. Se otorgan 10 puntos por golpear la meta, pero no por pasar la pelota por un objetivo. No se otorgan puntos si el intento falla el objetivo.

A partir de 300 puntos, los jugadores se turnan para hacer tres tiros. Para comenzar a anotar y terminar el juego, se debe hacer un puntaje a través de un objetivo (en lugar de solo golpear el objetivo).

El juego es bueno para desarrollar la precisión en los pases y en los astillados.

Consejo y ejercicio número sesenta y cinco: "Coco" Tímido

Un divertido juego de precisión. Recoja objetos como latas, botellas de refresco de plástico y un bidón de un galón. Llénenlos con agua para que sean estables. Cree una serie de niveles usando tablas, cajas de plástico, etc. Concede un número de puntos a cada objeto, más puntos cuanto más difícil sea derribarlo.

Coloque un cono desde el cual el jugador debe hacer sus tiros. Los puntos se anotan cada vez que un objeto es derribado. El objetivo es conseguir el máximo número de puntos en diez tiros.

Aunque este juego tarda un poco en configurarse, una vez terminado, se puede jugar rápidamente y sin demasiados cambios. Es muy popular entre los jugadores jóvenes.

Una vez más, desarrolle la precisión en el paso y, ya que algunos de los objetos necesitarán ser golpeados con fuerza para derribarlos, disparando.

Número sesenta y seis - Ejercicio: Concurso de Fútbol

Este es un juego de simulacro que es bueno para los niños más pequeños. Combina agilidad con habilidades futbolísticas. Es básicamente una carrera de obstáculos con diez "vallas". Estas vallas pueden ser pruebas de agilidad, como pasar por una escalera, o las basadas en el fútbol, como disparar un gol desde un penalti. Podemos determinar el nivel de dificultad de la carrera dependiendo de la edad de nuestros jugadores. El objetivo es completar el curso lo más rápido posible. Cada fallo en una tarea genera cuatro fallos. Un recorrido de cero faltas con un tiempo lento le gana a cualquier tiempo con cuatro faltas, y así sucesivamente.

Aquí hay diez "vallas" sugeridas

1) Esquive a través de los conos. Corra hacia...
2) Juegue un pase de regreso desde el rebote. Corra hacia...
3) Anote un gol y deje la pelota. Corra hacia...
4) Corra a través de una escalera. Corra hacia...
5) Cinco malabares con una nueva pelota, colocados listos. Corra hacia...
6) Corra con la pelota entre dos conos. Corra hacia...
7) Cinco paradas lanzando la pelota al reboteador. Corra hacia...
8) Esquive a través de tres maniquíes y anote. Deje la pelota. Corra hacia...
9) Corra entre dos conos a 10m de distancia. Corra hacia...
10) Corra y anote un penalti.

Aquí hay un curso de muestra.

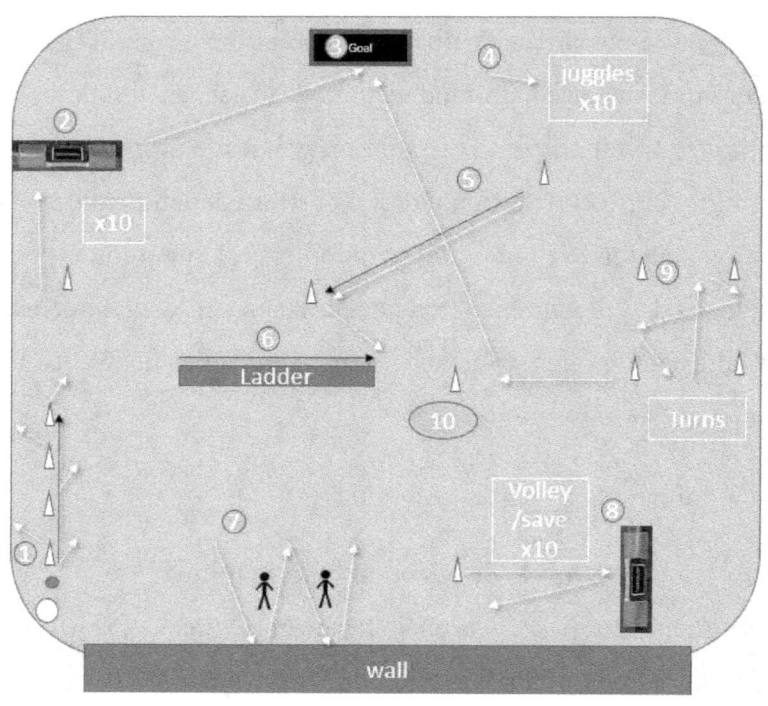

Número Sesenta y siete - Ejercicio: Tiros de cabeza

Dadas las advertencias que hay sobre las posibles consecuencias a largo plazo de cabecear la pelota, recomendamos que este juego se juegue con una pelota de esponja o una pelota de playa liviana. Prepare una cancha de 20 por 10 metros, con una red de bádminton, cinta adhesiva a través de dos postes o una serie de cajas de plástico, etc. para representar la red.

Saque lanzando la pelota hacia arriba y dirigiéndola. El otro jugador tiene hasta tres malabares para controlar y devolver la pelota.

Pueden usar sus manos una vez (para ayudar a que se desarrollen los mítines), pero solo para lanzar la pelota, no para atraparla. El movimiento que envía la pelota por encima de la red debe ser un cabezazo.

Anotación como en el tenis.

Número sesenta y ocho - Ejercicio: *Soccet*

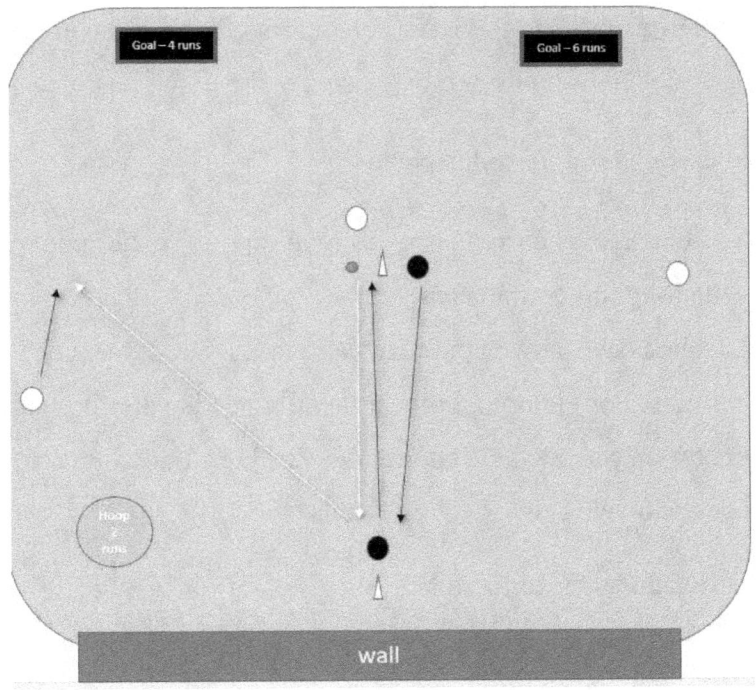

Se necesita un mínimo de dos jugadores para este juego, pero si hay más disponibles, el juego se vuelve más divertido. Por lo tanto, es ideal para que una familia juegue junta.

Prepara una pista de juego. Esto significa dos maniquíes separados aproximadamente 15 metros. Si hay suficientes jugadores (mínimo cuatro) entonces hay dos "bateadores". Sin embargo, el juego funciona con bateadores individuales.

Los bateadores nominan una pierna y un pie de juego. Esto podría ser marcado por el uso de una cinta o rodillera. El jugador de béisbol intenta golpear al maniquí con una ficha, un tiro o un pase curvo. El bateador intenta proteger el wicket con el torso, la cabeza o el pie de patada. No pueden usar sus manos, brazos o el pie que no patea.

Las carreras son anotadas por:

1) Los bateadores corren entre los maniquíes. (Una carrera por cada longitud completada).
2) Las áreas específicas puntúan cantidades particulares de carreras. Por ejemplo, golpear la valla puede valer dos carreras, anotar un gol que vale cuatro, detener la pelota en un aro acostado vale seis.

Los jugadores están fuera si:

1) La pelota golpea su maniquí.
2) El maniquí hacia el que corren es golpeado por la pelota antes de que la alcancen.

3) El disparo que hacen es atrapado por el oponente antes de que toque el suelo.
4) La pelota golpea su pierna, brazo o mano que no patea Y de otra manera habría golpeado a su maniquí.
5) La pelota es pateada sobre la cerca del jardín. Si el Sr. Miserable Moaner está sentado en su patio tomando una taza de café, ¡es posible que todo el equipo esté fuera!

Número Sesenta y nueve - Ejercicio: Pelota mortal

Este es un juego de patadas de precisión. Configuramos dos líneas de conos para marcar el área de juego. Las líneas están separadas por 20 metros. Se coloca una pelota en el centro del área de juego. Los jugadores se turnan para patear otra pelota, apuntando a golpear la pelota objetivo para que ruede sobre la línea de su oponente. Los jugadores pueden disparar desde cualquier lugar siempre que estén detrás de su línea. No pueden tocar la pelota objetivo con ninguna parte de su cuerpo.

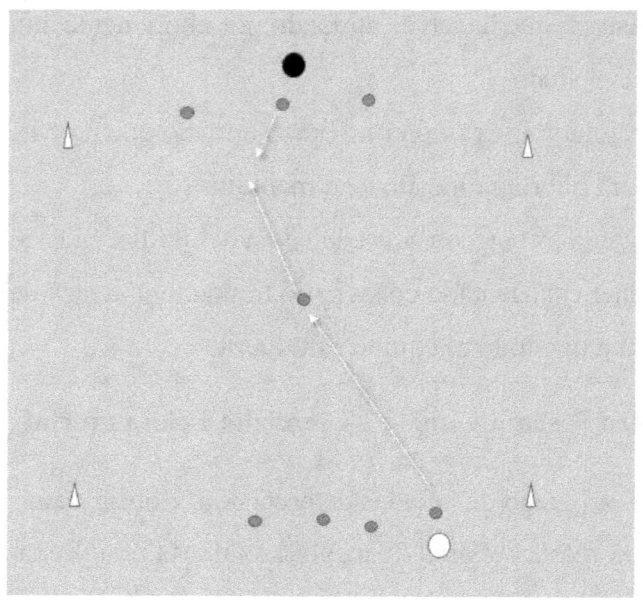

Podemos jugar una variación con varias pelotas. Aquí entran en juego las tácticas. Los jugadores pueden patear sus pelotas cuando lo deseen. Así, podrían acumular un suministro y esperar a que su oponente se agote, y luego disparar varias veces rápidamente. O, podrían guardar una pelota para actuar como un "arquero" para evitar que la pelota ruede hacia su línea.

Número setenta - Ejercicio: Fútbol Golf

Establezca agujeros en el patio trasero. Los aros representan los agujeros. Podemos poner camisetas y establecer obstáculos para interponernos. Es un juego divertido, a los niños les encantará especialmente, y hay infinitas variedades que podemos añadir usando nuestra imaginación y el equipo que tenemos a mano. Incluso podríamos hacer un obstáculo con una piscina infantil. Con creatividad, un patio de treinta por treinta metros debería dar cabida fácilmente a seis agujeros (dos en cada extremo, más uno en cada lado).

Número setenta y uno - Ejercicio: Disparo de diez bolos y así sucesivamente

Vale la pena hacer una colección de botellas de refresco de dos litros. La mitad las llenan con agua, las colocan como en una bolera, y luego nos vamos con los bolos de fútbol.

O podemos jugar a la corona de fútbol de bolos verdes. Si tenemos un oponente (esto funciona mejor como un juego competitivo) y media docena u ocho balones de fútbol, entonces estamos lejos. Haga rodar una pelota de tenis al menos 10 metros o más. Túrnense para tratar de patear nuestra pelota más cercana a esta "meta".. Podemos intentar pases curvos para golpear a un oponente, tiros impulsados para noquear a los oponentes, chips y poner bloqueadores cortos. La pelota más cercana a la "meta" anota. Si el mismo jugador también tiene la segunda más cercana, anotan dos puntos y así sucesivamente. Juega diez finales. Hagan turnos para hacer rodar la pelota, así podemos variar la longitud en la que jugamos.

Fútbol Boule es otra variación. Ver diagrama a continuación. Coloca algunas cajas para hacer un "bloque" bajo, luego un aro otros diez metros. Los jugadores apuntan a detener una pelota en el aro (cinco puntos), rebotar a través del aro (tres puntos), estar más cerca del aro (un punto). Los disparos deben astillarse sobre la barrera y se debe impartir un giro hacia atrás para evitar que la pelota se escape después.

Número setenta y dos - Ejercicio: Destreza

Es probable que tengamos mucho tiempo para nosotros mismos durante los períodos de encierro. (De estos, todavía hay momentos en los que nos volvemos apáticos y buscamos algo activo que hacer.) Podemos desarrollar nuestra destreza con un pelota simplemente intentando trucos. Intentar atrapar la pelota en nuestras espaldas, hacer malabares de pie a pie o hacer un back flick sobre nuestras cabezas. Esta actividad puede parecer un poco insensata, pero todo el tiempo estamos desarrollando nuestro equilibrio, nuestro control del pelota y nuestra destreza física.

A los niños les encanta probar este tipo de trucos en el interior. Deles un globo, un desafío, y se van.

Dribleo y ejercicios de control pegado al pie

Número setenta y tres - Ejercicios: Pelota que rebota en un pie

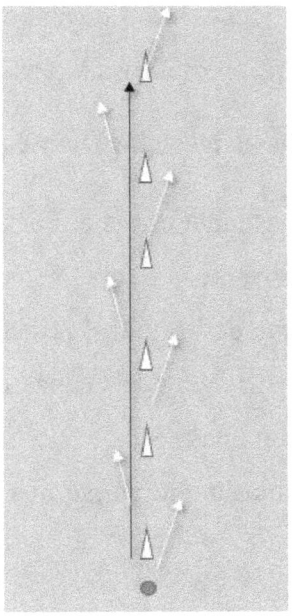

Un simple y práctico ejercicio que podemos practicar fácilmente por nuestra cuenta. Coloca diez conos a no más de un metro de distancia para asegurar que el control de la pelota sea estricto. Usando el interior y el exterior del pie, golpee la pelota a corta distancia para mantenerla cerca del cuerpo. Esto es como correr hacia un oponente antes de vencerlo.

Completa un recorrido de los conos, luego gira y regresa con el otro pie. Completa diez carreras dobles como esta.

Habilidades clave:

- Control pegado al pie,
- Usando el interior y el exterior de ambos pies,
- Trabajando duro las piernas, usando pasos cortos y rápidos.

Número setenta y cuatro - Ejercicio: Dribleo con los pies alternos

Podemos entonces extender este ejercicio usando tanto el control de la pelota. Con esto correremos en una línea más recta, pero manteniendo la pelota cerca de los pies. En una situación de partido estamos tentando al defensor para que se abalance con un *tackle*, para que podamos vencerlos con una pieza de habilidad. Para este fin, intente tirar en los step overs y fintas mientras esquiva la línea de partida.

Número setenta y cinco: Entrenamiento de pantorrilla con dribleo

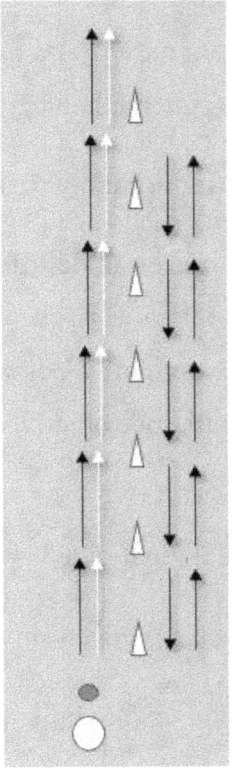

Este ejercicio encaja perfectamente entre las habilidades de control de la pelota y el trabajo de calentamiento. Coloca los conos a unos cinco metros de distancia. Con yardas más pequeñas podría ser necesario ponerlos en forma cuadrada para tener suficientes conos para que el ejercicio valga la pena.

Regatear del cono uno al cono dos, manteniendo la pelota bajo control. En el cono dos, detenga la pelota y vuelva a pedalear al cono uno. Corre hacia la pelota y regatea al cono tres. Luego pedalea de vuelta una vez más al cono dos. Repite hasta que el circuito esté completo. Deberíamos apuntar a trabajar a toda velocidad en este ejercicio para darle un buen entrenamiento a nuestras pantorrillas.

Número setenta y seis: Malabarismo y dribleo...

Un ejercicio divertido que es un desafío pero que ayuda con el equilibrio y el control de la pelota. Coloque dos conos a 20 metros de distancia. Luego haga malabares con la pelota mientras nos movemos de un cono a otro. Podemos fijarnos objetivos para mejorar esta habilidad de control cercano.

Objetivo 1: No más de 2 regates de la pelota entre los conos.

Objetivo 2: Ingrese entre los conos sin dejar caer la pelota,

Objetivo 3: Empiece con un movimiento hacia arriba para comenzar el dribleo,

Objetivo 4: Incluya un giro al final con la pelota aun haciendo malabares,

Objetivo 5: Complete la máxima distancia que pueda antes de que la pelota toque el suelo.

Número setenta y siete - Ejercicio: Dribleo aleatorio

Un práctico ejercicio que requiere muy poco espacio. Coloca un número de conos al azar, pero muy juntos, digamos doce conos en un espacio de cinco metros por cinco metros. Usando ambos pies, regatea alrededor de ellos, viajando tan rápido como podamos. Esto nos ayudará a cambiar de dirección mientras mantenemos la pelota bajo control.

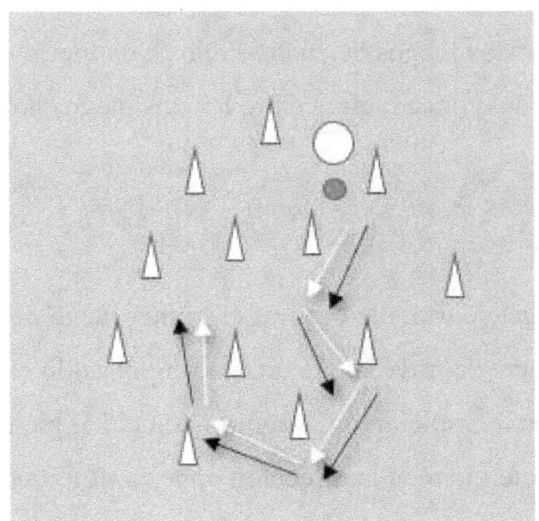

A medida que mejoremos en el ejercicio, podemos desarrollarlo añadiendo paradas, donde nos paramos en la pelota, o girando rápidamente con una rotación de 360 grados.

Trabajaremos en las siguientes habilidades clave aquí:

- Control pegado al pie,
- Moverse y cambiar de dirección,
- Usar ambos pies, así como el interior y exterior de los pies.

Número setenta y ocho - Ejercicio: Regatear y esprintar

Este es un ejercicio muy real que nos ayuda a regatear con un control cercano, y luego correr con la pelota a toda velocidad para vencer a un oponente.

Colocamos dos juegos de cuatro conos a un metro de distancia. Hay un espacio de quince metros entre los dos juegos de conos.

Con un regate corto, navegamos el primer juego de conos, corremos con fuerza a través de la brecha, impulsando el pelota con los cordones, y luego completamos el control pegado al pie una vez más. Gira y repite el ejercicio en la dirección opuesta. Repita diez veces.

Habilidades clave:

- Un dribleo cercano,
- Cambio de ritmo,
- Correr con la pelota,
- Girar

Número setenta y nueve - Ejercicio: Regatear y escalar

Este ejercicio se basa en el anterior, y combina múltiples actividades para desarrollar los músculos de la pantorrilla, el ritmo y la agilidad. Se necesitan dos pelotas, conos y una escalera de entrenamiento.

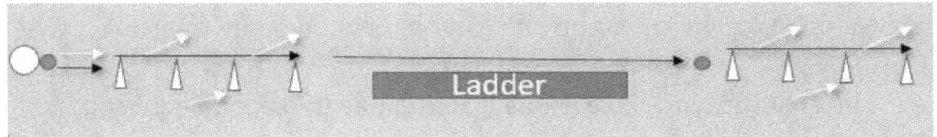

Colóquese como antes, pero coloque la escalera en el hueco. Comienza con una pelota y coloca la otra al final de la escalera. Gotea a través de los conos y corre con la pelota hacia la escalera. Detengan la pelota y el paso alto a todo ritmo a través de la escalera. Recoge la otra pelota y corre hacia los conos. Navega por los conos con habilidad para regatear de cerca, gira y repite en la dirección opuesta.

Número Ochenta - Ejercicio: Control de cierre sin equipo

Esta es una habilidad muy difícil de dominar, pero fácil de configurar. Coloque dos conos al menos a 15 metros de distancia. Mueva la pelota hacia arriba, haciendo malabarismos hasta que esté bajo buen control, luego mueva la pelota hacia arriba. Observe la pelota con cuidado mientras baja y barra el pie para mover la pelota unos tres metros en la dirección del otro cono. Corra hacia la pelota, driblee hasta el cono y repita.

El ejercicio puede desarrollarse añadiendo un truco mientras se regatea entre los conos, como un paso por encima o una finta.

Las habilidades clave en las que estamos trabajando aquí son:

- Control de malabarismo cercano,
- Mirar la pelota mientras gira el cuerpo en la media vuelta para recibirla mientras baja,
- Barrer la pelota hacia adelante, con la rodilla doblada y la cabeza sobre la pelota para mantenerla baja,
- Amortiguar la pelota en el contacto para que no se aleje demasiado en el toque,
- Correr con la pelota a velocidad.

Consejo y ejercicio número ochenta y uno: Control de cierre de alto nivel

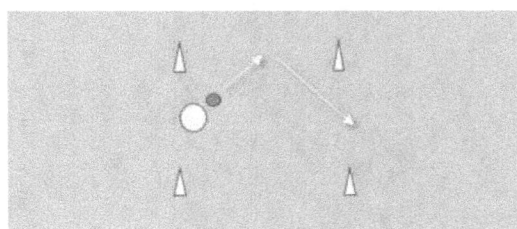

Haga un cuadrado de conos para que podamos correr en varias direcciones. Repita el ejercicio anterior, pero experimente con formas de controlar la pelota para mejorar la destreza.

Las sugerencias incluyen:

- Controlar la pelota en la parte superior del pie, con los dedos hacia arriba, así que la pelota se mata al aterrizar. (Perfecto para la situación de juego en la que se juega una pelota largo, alto y cruzado, y el receptor está bajo presión parcial,
- Intentar pasar por encima de la pelota al caer, y controlarla con el pie trasero,
- Controlar con un malabarismo en el muslo,
- Controlar con el exterior del pie para instigar un rápido cambio de dirección.

Número Ochenta y dos - Ejercicio: Un jugador de fútbol tenis (muy difícil)

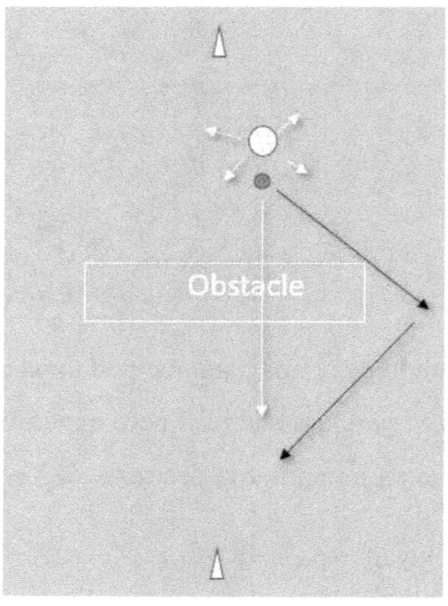

Este es un ejercicio de muy alto nivel. Es muy bueno para sugerirle a un hijo o hija talentoso que disfrutará trabajando en él para perfeccionar las habilidades involucradas.

Establezca un terreno de juego de la siguiente manera: dos conos a 12 metros de distancia. Entre ellos un obstáculo. Idealmente, esto es algo así como una red de bádminton, o dos postes con una cinta entre ellos, aunque un objetivo emergente delgado podría funcionar. Las reglas del juego son:

- Hacer malabares con la pelota al menos cuatro veces a un lado del obstáculo central,
- Lanzar la pelota sobre el obstáculo para que caiga dentro del cono lejano,
- Se permite un rebote,
- Correr alrededor del obstáculo y haz malabares al menos cuatro veces en el otro lado,
- Repetir

Intente mantener el juego tanto tiempo como sea posible.

Número ochenta y tres - Consejo: Ejercicio

¿Por qué no llevar una pelota a un paseo diario o a correr? Donde los bloqueos y el distanciamiento social permiten tal truco, es sencillo practicar el control del regate de cerca.

La técnica del maestro...

En este, nuestro capítulo final, ofreceremos una simple guía para las técnicas del fútbol. Como sugerimos antes, podemos usar nuestro teléfono con cámara para comprobar nuestra técnica para cualquier habilidad que estemos practicando es el sonido. No queremos adquirir el hábito de usar una técnica pobre, porque es muy difícil de romper.

Si nuestra técnica falla, podemos usar la siguiente guía para corregir el error.

Número ochenta y cuatro: Técnica - Regatear y correr con la pelota

1) Utilice los cordones para impulsar la pelota,
2) Golpee de dos a cinco metros por delante, dependiendo del espacio disponible para correr,
3) Mantenga la cabeza en alto,
4) Corra a la velocidad.

Número ochenta y cinco: Técnica - Tres trucos de dribleo

La Finta:

1) Regatear hacia el oponente,
2) Aproximadamente a un metro de distancia, plantar un pie y conducirlo para cambiar el peso y la dirección hacia el otro lado,

3) A medida que este pie pasa sobre el pelota, arrastrarlo de vuelta en el sentido contrario al que nos dirigimos, usando el exterior del pie,
4) Patear con el otro pie para cambiar de dirección,
5) Acelerar en el espacio creado.

El Paso Adelante:

1) Regatear hasta aproximadamente un metro del oponente,
2) Girar el cuerpo en la dirección que NO pretende ir, para fingir el oponente,
3) Colocar el pie que piensa usar sobre y delante de la pelota,
4) Tocar la pelota en la dirección opuesta con la parte exterior del pie,
5) Acelerar
6) Repetir los pasos 2-3 para el doble paso, pero use el otro pie.

El túnel (*Nutmeg*):

1) Driblear lento cuando está aproximadamente a uno o dos metros del oponente,
2) Fingir para que cambien su peso, creando un espacio entre sus piernas,
3) Utilizar el empeine para la precisión, "pasar" la pelota entre sus piernas,

4) Correr alrededor de ellos, en el lado opuesto al que se han lanzado,
5) Acelerar.

Número ochenta y seis: Técnica - Girar

Cruyff Turn:

1) Utilizar los brazos para el equilibrio, inclínese y balancee el pie como si estuviera a punto de disparar o pasar,
2) Utilizar el empeine para lanzar la pelota detrás del pie que no patea,
3) Cambiar de dirección rápidamente,
4) Acelerar.
5) Hay muchos giros que podemos usar, practica los tuyos usando el interior del pie, el exterior (giros de gancho), giros de paso y así sucesivamente.

Número ochenta y siete: Técnica - Disparo

1) Colocar el pie que no patea al lado de la pelota, a 12 o 18 pulgadas de ella,
2) Mantener la cabeza abajo, y los ojos en la pelota,
3) Golpear la pelota en el medio,
4) Mantener nuestro peso sobre la pelota para evitar que se eleve sobre la barra,

5) Golpear con los cordones para obtener poder, con una acción suave y sigue el lanzamiento,
6) Asegurarse de que los brazos están fuera de balance.

Número ochenta y ocho: Técnica - Pasar por dentro y por fuera del pie

Interior del pie:

1) Coloque el pie que no patea al lado de la pelota,
2) Mantenga la cabeza quieta y los brazos abiertos para mantener el equilibrio,
3) Golpee firmemente a través de la pelota usando el empeine,
4) Siga adelante,
5) Un paso largo del empeine se curvará hacia afuera y luego hacia adentro.

Fuera del pie:

1) Coloque el pie que no patea a un lado y detrás del pelota,
2) Mantenga los brazos fuera para mantener el equilibrio y la cabeza quieta,
3) Golpee firmemente la pelota con la parte exterior de la bota,
4) La pelota se curvará lejos de donde se juega, lo que lo convierte en un pase perfecto para usar para jugar la pelota dentro de una defensa.

Número ochenta y nueve: Técnica - Recibir el pelota

1) En la mitad del turno, esto permite mucho cuerpo entre el pelota y el oponente, y nos permite girar en cualquier dirección, o jugar un pase en cualquier dirección,
2) Mantenga los brazos fuera y ligeramente detrás, para ayudar a sentir la defensa, y evitar que un defensor se acerque para robar la pelota,
3) Tome el primer toque para amortiguar el pelota, enviándolo a medio metro de distancia del pie,
4) Bajo presión, normalmente será el exterior del pie delantero, aunque se pueden utilizar otros métodos de control,
5) Regatear, tirar o pasar, girando si es posible, jugando hacia atrás o lateralmente si está bien marcado.

Número noventa: Técnica - Amortiguar la pelota

1) Practique esto si la pelota se aleja demasiado de cualquier parte del cuerpo que la controle,
2) Esquive un poco cuando la pelota golpea la parte del cuerpo, así que se aleja, pero no por mucho:
    a. Para el pie, deja caer el pie al contacto, y lleva el peso de nuestro cuerpo sobre la pelota,
    b. Para otras partes del cuerpo, ver abajo.

Número Noventa y uno: Técnica - Control de muslos

1) Extienda el muslo de control ligeramente hacia adelante, con la rodilla doblada,
2) Asegúrese de que los brazos estén bien abiertos para lograr equilibrio y protección,
3) Póngase en línea con el vuelo de la pelota lo antes posible,
4) Apunte a que la pelota golpee a medio camino entre la rodilla y la parte superior del muslo,
5) Deje caer el muslo ligeramente al contacto,
6) Rápidamente póngase en posición para golpear el pelota hacia adelante con el pie mientras golpea el suelo.

Número noventa y dos: Técnica - Control del pecho

1) Póngase en posición pronto, estando en línea con el vuelo de la pelota,
2) Abra los brazos para el equilibrio y para que el pecho sea lo más grande posible,
3) Al contacto, deje caer el pecho hacia atrás para que la pelota caiga,
4) Aleje la pelota del cuerpo con el interior o exterior del pie.

Número noventa y tres: Técnica - Control de la cabeza

Esta es la forma más difícil de controlar una pelota.

1) Póngase en línea con el vuelo de la pelota rápidamente,

2) Mientras la pelota está en vuelo, comprueba rápidamente con los ojos para evaluar si los desafíos llegarán. No intente controlar una pelota para el que habrá un concurso, en su lugar, golpéelo o páselo de vuelta,
3) Abran los brazos para protegerse y equilibrarse,
4) Plante los pies con firmeza, doblando ligeramente las rodillas,
5) Deje que la pelota golpee en el medio de la frente,
6) Incline el cuello para que la cabeza apunte muy ligeramente hacia arriba (para hacer que la pelota rebote), y deje que los músculos del cuello den una fracción al contacto para evitar que la pelota rebote,
7) Si es necesario, añada más controles con el pecho o el muslo antes de que la pelota caiga delante de los pies.

Número noventa y cuatro: Técnica - Captura

1) Póngase en línea con la pelota rápidamente.
2) Para una pelota baja,
 a. Haga que los dedos apunten hacia abajo y hacia adentro,
 b. Coloque la pelota en el cuerpo, abrazándola con los brazos,
 c. Para cualquier tiro por debajo de la altura de la cintura, caiga sobre la pelota, con la cabeza sobre ella, para evitar que rebote.
3) Para una pelota alta, por encima de la altura de la cintura,

a. Tenga los brazos listos, los dedos apuntando hacia arriba,
b. Extienda los dedos,
c. Atrape con las dos manos detrás de la pelota,
d. Si no hay presión, deja que la pelota caiga hacia adelante, y atrápelo usando la técnica de arriba. Si está bajo presión, agárrate, cayendo hacia adelante si es posible.

Número noventa y cinco: Técnica – Manejo de cruces

1) Tome una decisión rápida si podemos alcanzar la pelota,
2) Si es así, decida si atrapar o golpear,
3) Si bajo presión, ya sea de los oponentes (¡o de los compañeros de equipo cercanos!) o porque la pelota está al máximo de nuestro estiramiento, debemos golpear,
4) Si se trata de atrapar, utilice la técnica descrita acerca de, tratando de tomar la pelota en el punto más alto posible (es decir, en el ápice de un salto y los brazos levantados sobre la cabeza),
5) Si golpea, salta para la pelota, el pecho mirando en dirección a la cruz,
6) Levante una rodilla en el salto para protegerse,
7) Extienda el brazo de golpeo, empujándolo hacia un puño cerrado,

8) Apunte para golpear la pelota bajo, y en el lado que nos mira, buscamos altura y distancia en el golpe

Conclusión - Mantenerse mentalmente en forma

Esperamos que estos ejercicios y consejos nos ayuden a darnos algunas ideas de cómo podemos practicar en casa durante estos tiempos difíciles. También confiamos en que nos proporcionen ideas interesantes y creativas para el entrenamiento de fútbol en casa en otros momentos. Animamos a nuestros lectores a variar los ejercicios, adaptándolos a sus propias necesidades e intereses.

Sin embargo, también somos conscientes de que hay un área de la aptitud para el fútbol que hemos descuidado injustificadamente. Vamos a ver esto ahora. La aptitud física es muy importante para cumplir con nuestro potencial como jugador, y también lo es la técnica. Pero también necesitamos una buena salud mental. Esto es particularmente cierto en una época en la que podemos encontrarnos aislados de nuestros amigos y familiares.

Número Noventa y Seis - Consejo: ¿Por qué una buena salud mental es importante en este momento?

Para muchos de nosotros, la vida ha cambiado repentinamente y dramáticamente. Las redes de seguridad normales de las que dependemos nos son negadas. El fútbol puede ayudar de tres maneras.

Primero, trabajando con los ejercicios que hemos descrito en este libro, podemos mantenernos físicamente en sintonía. La aptitud física está estrechamente vinculada al bienestar mental. Es bien sabido que el ejercicio libera endorfinas de la felicidad, y un ejercicio basado en el fútbol nos dará un empujón.

En segundo lugar, es un tema del que podemos hablar en los medios sociales, y a través de la interacción online con nuestros amigos e incluso con extraños. Es un vínculo común global, y abre conversaciones que ocuparán nuestro tiempo, y nos harán sentir más ocupados y felices.

En tercer lugar, es divertido. Ver repeticiones de juegos antiguos, jugar versiones de juegos de fútbol en línea, jugar algunos de los juegos tontos enumerados como ejercicios en este libro, por ejemplo. O construyendo nuestros propios recursos de fútbol.

En este punto, terminaremos nuestro libro con algunas ideas de fútbol no físico que podemos usar en casa. Tendremos una lista de tres de los mejores juegos de mesa que podemos comprar en línea; explicaremos un juego de paciencia de fútbol muy sencillo de jugar que puede ser jugado fácilmente en casa con una baraja de cartas, miraremos algunos de los mejores libros basados en el fútbol que podemos leer, y, por último, una lista de algunas de las mejores películas basadas en el fútbol que podemos encontrar y ver.

Número Noventa y siete - Consejo: Los mejores juegos basados en el fútbol

Algunos de los siguientes juegos ya no se producen, pero todos están disponibles gratuitamente en sitios como Amazon, eBay y otros mercados en línea.

Subbuteo: El rey de los juegos de fútbol. Pequeños jugadores con bases semicirculares, campo de fieltro y goles con redes. Todo lo que se necesita es un espacio de mesa o piso, una imaginación y rodillas cuidadosas. (Tenga en cuenta que, si nos arrodillamos sobre un jugador, péguelo de nuevo a su base. ¡Será más bajo, con un centro de gravedad más bajo y mucho más fácil de controlar!)

Fútbol de "Chad Valley": Si puede conseguir uno, un juego inteligente con una base de lata. Podría ser tanto una inversión como una distracción.

Golpear con la cabeza: Utilice su cabeza para anotar con fichas magníficas. Cualquier fanático del fútbol de cierta edad recordará este juego.

Futbolín/Fusball: Un poco más caro, pero vale la pena la inversión. Nos mantiene en forma y entretenidos.

Número Noventa y ocho - Propina: Un juego de cartas de paciencia de fútbol

Aquí hay un juego que llena el tiempo y que es fácil de jugar. Lo inventamos nosotros mismos, así que estamos seguros de que los jugadores pueden mejorarlo aún más.

Tarjetas negras - Equipo local

Tarjetas rojas - Equipo visitante

Los equipos locales tienen una ventaja, así que elige un traje rojo y quita las tarjetas de imagen, reduciendo el potencial de puntuación del equipo de lectura, y aumentando el del equipo negro.

Cómo jugar:

- Baraje las cartas,
- Voltee las cartas de una en una,
- El equipo ganador es el que más goles ha marcado, como en el fútbol.
- Las cartas A-Jack se relacionan con un jugador del 1 al 11.
- Si una tarjeta de jugador, es decir, una de las de arriba, y es seguida por una tarjeta del mismo color se marca un gol si:
    - Un Número 9 es seguido por cualquier carta del mismo color.
    - Un Número 10 es seguido por cualquier carta del mismo símbolo.

- Los números 7, 8 y 11 van seguidos de una carta con imagen o un as del mismo símbolo.
- Los números 4, 5, 6 son seguidos por un número consecutivo del mismo color.
- Los números 2 o 3 van seguidos de un número consecutivo del mismo símbolo.
- Las desventajas se pueden agregar quitando más cartas al principio.

Organiza ligas, competiciones de copa o simplemente diseña nuestro propio juego.

Número Noventa y Nueve - Consejo: Los mejores libros de fútbol

Fever Pitch: El relato de Nick Hornby sobre la joven edad adulta en Londres se sitúa en el contexto del duro equipo defensivo del Arsenal de finales de los 80 y principios de los 90. Quizás el mayor libro de fútbol semi-ficticio de todos los tiempos.

Puskas en Puskas - La vida y los tiempos de una leyenda del fútbol: Ferenc Puskas. Un relato autobiográfico de la vida y la carrera de uno de los mejores jugadores que ha pisado un campo.

Los condenados Unidos: David Peace. La historia del quizás más subestimado entrenador del mundo, Brian Clough, que logró milagros con equipos de segunda clase, pero de alguna manera se las arregló para irritar a cualquiera con autoridad.

¡Falta! El Mundo Secreto de la FIFA: Sobornos, amaño de votos y escándalos de entradas: Andrew Jennings destapa la tapadera de la terrible institución que fue la FIFA bajo el mandato de Sepp Blatter.

La Copa Mundial de Rusia de AJ Rutherford en Rusia: La mirada cómica de Alan Peter sobre la Copa del Mundo de 2018 a través de los ojos de un autoproclamado experto, Aiden Rutherford. Un hombre que estaría mejor vigilando su propia situación doméstica en lugar de jactarse de su conocimiento experto del fútbol mundial. ¿Y realmente tiene una "fuente experta" en cada campamento?

Número cien: Dos yardas afuera, gol abierto y lo supera... Películas de fútbol - vale la pena mirar por el valor de la comedia.

Aquí vamos. Lo siento.

Haga una curva como Beckham (Bend it Like Beckham): Esto no debería estar realmente en esta lista, porque la película de choque cultural es realmente bastante buena.

Shaolin Soccer: Esto es más como eso. Un discípulo de Shaolin motiva a sus hermanos y forma un equipo de fútbol en el que las artes marciales juegan un papel importante. Presumiblemente Diego Simeone es su mánager.

El Misterio del Estadio del Arsenal (The Arsenal Stadium Mystery): 1939. Muy interesante para una mirada de preguerra a

Londres. O para la oportunidad de ver las habilidades de actuación de genuinos futbolistas como Cliff Bastin y George Allison.

Goal, The Dream Begins: Un crítico dice de esta película, "Goal es una muy buena película de fútbol"; bueno, alguien tenía que hacerlo. Tal vez deberíamos tomar nota de la advertencia, la película de "fútbol". Hecha en cooperación con la FIFA, que no es necesariamente un punto de venta.

Escapar a la victoria (Escape to Victory): El padrino de todos ellos. ¿Quién pensó realmente que un envejecido Michael Caine y el más increíble arquero de todos los tiempos, en Sylvester Stallone, podría jugar al fútbol? Alguien lo hizo, lo que podría explicar por qué también pensó que Pelé podía actuar.

Tómese en unas cervezas, no querrá ver esto sobrio. Pero, como ser aplastado por una mitad central flácida, y enloquecido por un quinceañero de la mitad de su edad, ver Escape to Victory es un rito de iniciación que todo aficionado al fútbol adulto debe, lamentamos decir, pasar.

No sabemos de ninguna película de fútbol que haya ganado un Oscar. Hay una buena razón para esto. Como género, no es el que se presta a la realización de películas de calidad. A pesar de eso, podemos disfrutarlos a menudo por su maldad.

Y podemos animarnos, películas como Escape to Victory, al menos, terminarán pronto. Entonces, afortunadamente, será la pandemia del Corona Virus.

Manténgase en forma, manténgase saludable, manténgase activo, manténgase positivo, manténgase seguro.